컴퓨팅적 사고력과 문제해결능력을 동시에 키워보자!!

따라하면서 배우는 파이썬

이 상 철 저

머리말

바야흐로 4차 산업혁명의 시대가 도래(到來)하고 있다. 4차 산업혁명의 세상이 빠르게 이미 우리 앞에 다가와 있다는 것을 대부분의 사람들이 인정(認定)하리라고 생각한다. 이러한 시대의 흐름에 발맞추어 사고력과 창의력을 강화시키는 코딩 교육은 새삼 강조할 필요도 없이 매우 중요하다. 이미 초·중·고등학교에서는 코딩 교육이 의무화되고, 기업들의 소프트웨어 개발 인력의 요구도 더욱 증가하고 있는 현실이 그 중요성을 증명하고 있다.

실무 프로젝트 위주의 코딩 융복합의 새로운 패러다임이 요구되고 있지만, 이러한 요구에 부합하는 코딩 교육 콘텐츠는 초등학생들을 대상으로 한 흥미 위주만의 내용으로 치우치거나 대학원 이상의 고급 학문 위주로 연구되고 있다. 그나마 최근 들어 필요한 인력의 교육이 이루어진다고 해도 과도한 비용의 사설학원 또는 단순한 문법 및 도구 사용의 기능적 내용으로 치우치는 경향이 있어서 실제 산업현장에서 요구되는 기술 습득을 위한 내용으로는 다소 부족한 면이 있는 실정이다.

물론 아직까지는 인공지능, 로봇 등을 비롯한 4차 산업혁명과 관련된 특별한 분야에 대해 새로운 패러다임을 만족시켜주면서 아직 태동(胎動)하지도 않은 다양한 융복합 산업에 맞는 교육 콘텐츠를 개발한다는 것 자체가 무리일 수 있을 것이다. 그래서 좀 더 일반적으로 4차 산업혁명 시대에 대비한 교육으로 컴퓨팅적 사고력과 문제해결 능력 등 코딩에 관한 마인드 고취와 저변 확대를 위한 흥미 유발과 함께 현재 산업체에서의 요구가 많은 소규모 프로젝트 형태로 따라하면서 코딩을 익혀서 미래의 기술에 적응할 수 있는 역량과 관련되고 도움이 될 내용으로 본 교재를 개발하게 되었다.

본 교재의 학습 대상의 범위는 코딩에 관심 있는 중학생 이상이면 누구나 배울 수 있고 배운 것을 매우 유용하게 활용할 수 있도록 집필하였다. 학습 현장에서 직접 강의하다 보면 그 내용이 실습 위주이면서 흥미도 있어야 할 뿐만 아니라 기초적인 원리도 이해되어야 하고, 습득한 기술이 산업체에서 직접적으로 활용되어야 한다는 매우 복잡하고 다양한 요구가 쇄도한다.

하지만 이러한 요구들을 만족시켜줄 교육 콘텐츠가 매우 빈약한 것이 사실이기에, 이에 따라 본 교재의 내용을 집필함에 있어서 열악한 환경 속에서도 코딩 교육을 위한 이러한

다양한 요구를 조금이나마 채워줄 수 있도록 하는데 최선의 노력을 경주하였다고 자부한다.

다만 모든 공부가 그러하듯이 학습과 기술 습득은 노력 없이 이루어질 수 없으며 학습자 스스로 노력하여 깨닫지 못하면 아무리 훌륭한 교재나 강사도 다 부질없음을 인식하고 본 교재를 접한 독자들의 코딩에 대한 끊임없는 꿈과 열정을 부탁한다.

끝으로 본 교재를 집필하는 데 많은 도움을 주신 모든 분들께 심심한 감사를 드린다.

2021년 11월

인천재능대학교 인공지능전자과 이상철 씀

목 차

PART · 1

파이썬 기초

1장 파이썬 개발환경 설정

1.1 개요

파이썬은 네덜란드의 개발자 귀도 반 로섬(Guido van Rossum)이 만든 프로그래밍 언어이다. 간결한 문법으로 입문자가 이해하기 쉽고, 유지 보수와 관리도 쉬워서 다양한 분야에 활용되고 있으며, 특히 인공지능 기계학습 분야에서 선호되면서 4차 산업 시대에 꼭 배워야 할 필수 프로그래밍 언어로 주목 받고 있다.

본 교재는 기존의 문법 위주의 딱딱한 코딩보다는 다양하게 제공되는 라이브러리를 활용하여 실제 문제에 응용하면서 자연스럽게 파이썬 코딩을 익히도록 구성하고자 노력하였다. 또한 학습자가 흥미를 갖고 재미있게 따라하는 과정을 통해 파이썬을 익히기를 바라는 마음으로 최대한 쉬운 예제부터 접근하여 파이썬 코딩을 통해 다양한 문제를 해결할 수 있는 능력을 갖추는 것을 학습 목표로 하고 있다.

처음에 다소 생소하고 혼동이 생겨서 이해하기가 어려워도 일단 프로그램을 실행시켜 보고 그 결과를 눈여겨보는 것을 권장한다. 본 교재는 프로그램의 많은 실행을 통해 따라해보면서 컴퓨팅적 사고력과 문제해결능력을 향상시키는 방법을 추구하고 있다. 코딩은 익숙해질 때까지 많은 실습을 해보면서 익혀야 실력이 향상될 수 있기 때문이다. 아무쪼록 본 교재가 4차 산업혁명 시대에 요구되는 컴퓨팅적 사고력과 문제해결능력을 키우는 데 도움이 되기 바란다.

물론 분야마다 요구되는 자세한 내용이 다르기 때문에 본 교재만으로 컴퓨팅적 사고력과 문제해결능력이 갑자기 높아지고 파이썬을 완전히 정복할 수 있다고 장담하기는 어렵다. 따라서 본 교재에서 다루지 못한 깊이 있는 문법 이론이나 응용 방법은 다른 교재를 참고하여 보충하기 바란다. 또 어느 분야나 마찬가지로 교재가 아무리 훌륭해도 학습자가 스스로 직접 실행해 보는 노력 없이는 아무 것도 이룰 수 없다는 점을 명심하고, 흥미를 가지고 즐거운 마음으로 코딩의 세계에 빠져들기를 바라는 마음이다.

이번 제1장에서는 파이썬 개발환경을 설정하고 사용하는 방법에 관하여 알아보고, 다음 장에서부터 문법 기초를 학습한다.

1.2 파이썬 설치하기

먼저 파이썬을 PC에 설치한다. 본 교재에서는 Windows 10 운영체제를 갖춘 PC를 중심으로 설명하고 있다. 버전이나 시점에 따라 내용이 다소 다를 수 있으나, 본 교재의 내용을 참고하면 설치하는 데 큰 어려움이 없을 것이다.

다음 그림 1.1과 같이 파이썬 홈페이지(https://www.python.org/)를 찾아간다.

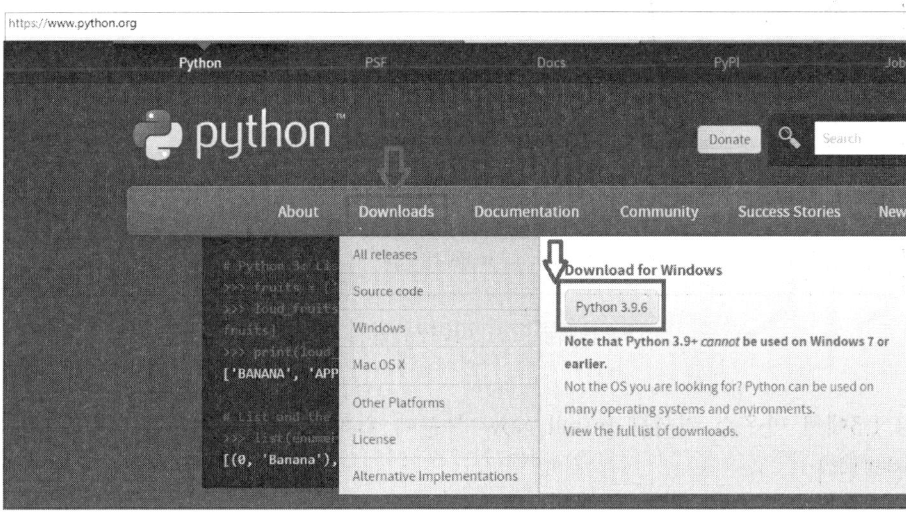

[그림 1.1] 파이썬 홈페이지(https://www.python.org/)

그림 1.1에서 Downloads 부분에 마우스 커서를 위치시키면 하부 메뉴들이 나타나면서 Windows 운영체제용 설치파일을 다운로드할 수 있는 Python 3.9.6이라는 버튼이 보인다. 이 버튼을 클릭하여 다운로드하면 다음 그림 1.2와 같이 파일을 받을 수 있다(사용하는 브라우저에 따라 나타나는 그림 형태가 다를 수 있다).

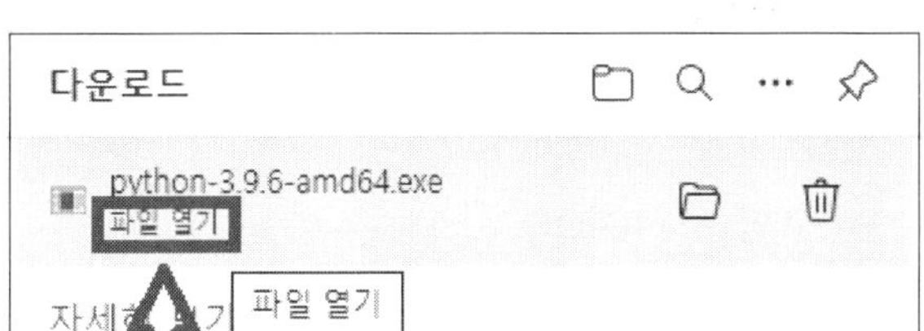

[그림 1.2] 다운로드된 파이썬 설치파일

그림 1.2에서 파일 열기(클릭)를 하면 다음 그림 1.3과 같은 설치 창이 나타난다.

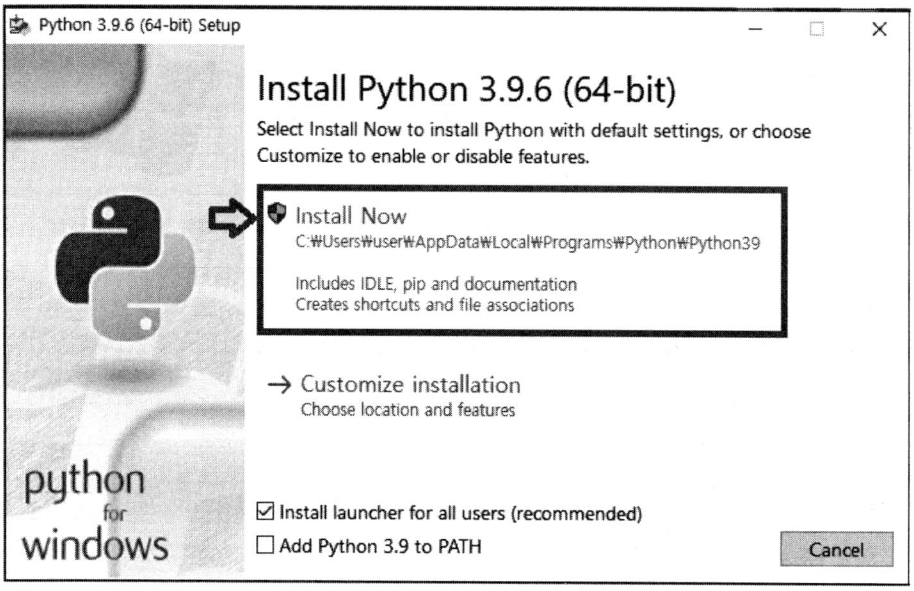

[그림 1.3] 파이썬 설치 창

그림 1.3에서 마우스 커서를 Install Now 부분에 위치시키고 클릭하면 다음 그림 1.4와 같이 진행된다.

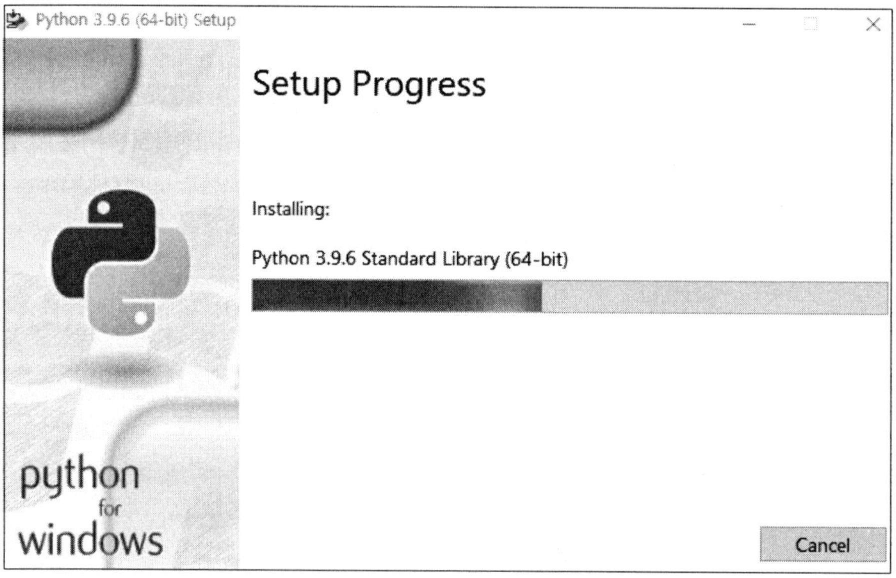

[그림 1.4] 파이썬 설치 진행

그림 1.4처럼 설치가 진행되는 동안 그대로 기다린다. 설치가 완료된 화면은 다음 그림 1.5와 같다.

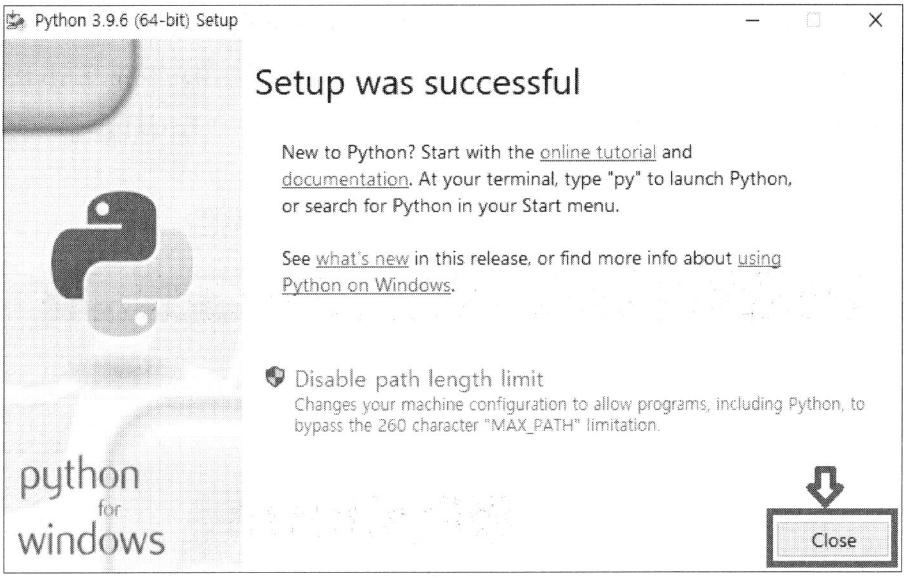

[그림 1.5] 파이썬 설치 완료

그림 1.5에서 Close 버튼을 클릭하여 파이썬 설치를 완료한다.

1.3 파이참 설치하기

다음으로 파이썬 코딩을 좀 더 쉽게 할 수 있는 통합개발환경(IDE, Integrated Development Environment)으로 파이참을 사용한다. 만일 본인에게 익숙한 다른 IDE 도구가 있다면 이번 절은 생략해도 무관하다. 파이참 홈페이지(https://www.jetbrains.com/ko-kr/pycharm/)를 찾아간다. 결과 화면은 다음 그림 1.6과 같다.

[그림 1.6] 파이참 홈페이지

그림 1.6에서 다운로드 버튼을 클릭한다. 결과적으로 나온 화면은 다음 그림 1.7과 같다.

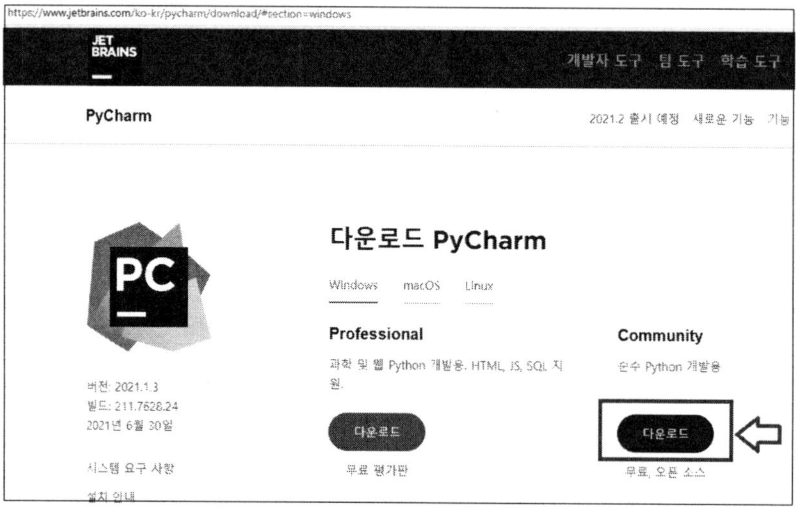

[그림 1.7] 파이참 다운로드 화면

그림 1.7에서 Community 다운로드 버튼을 클릭하면 다운로드가 진행된다. 다른 화면은 신경 쓰지 않아도 되므로 그냥 파일이 다운로드될 때까지 기다린다. 다운로드가 완료된 화면은 다음 그림 1.8과 같다(사용하는 브라우저에 따라 나타나는 그림 형태가 다를 수 있다).

[그림 1.8] 파이참 설치 파일 열기

그림 1.8에서 파일 열기를 클릭하면 다음 그림 1.9와 같이 파이참 설치가 진행된다.

[그림 1.9] 파이참 설치 창 시작화면

그림 1.9에서 Next 버튼을 누르면 다음 그림 1.10과 같다.

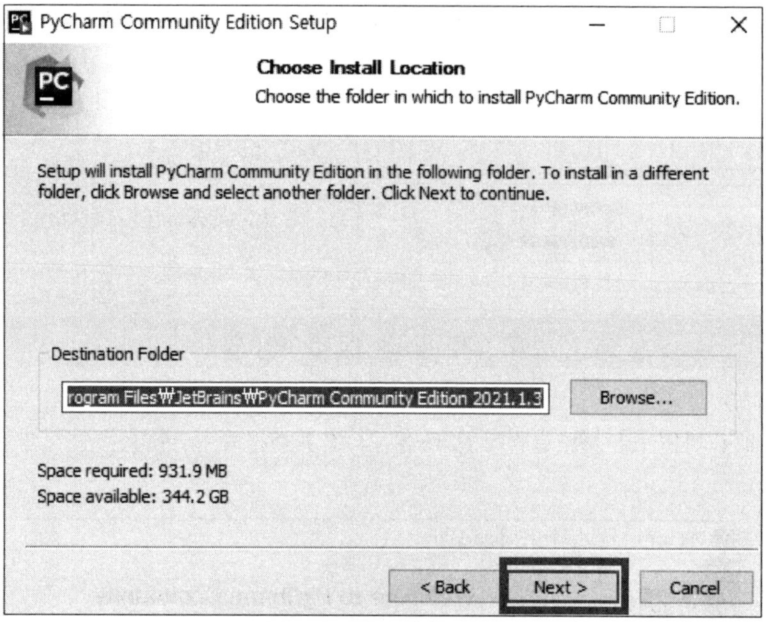

[그림 1.10] 파이참 설치 폴더 지정 화면

그림 1.10에서 설치 폴더는 기본값으로 놔두고 그냥 Next 버튼을 클릭한다. 결과 화면은 다음 그림 1.11과 같다.

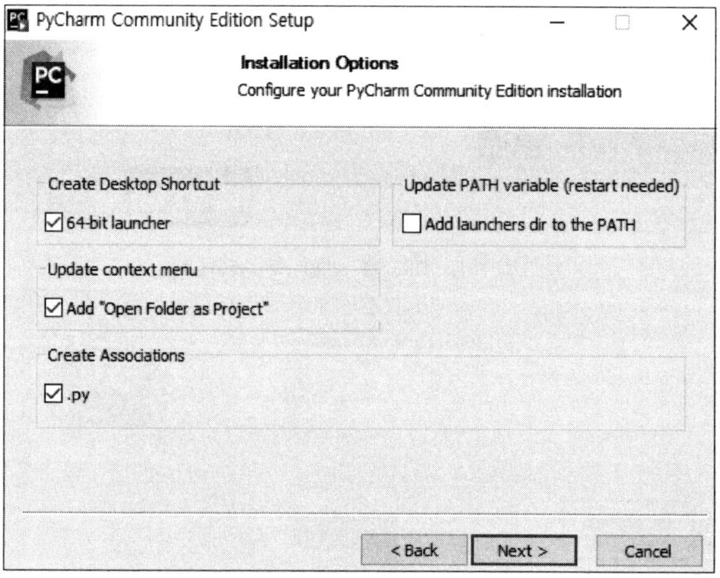

[그림 1.11] 파이참 설치 옵션 창

그림 1.11에서 볼 수 있는 바와 같이 Create Desktop Shortcut, Update context menu, 그리고 Create Associations의 체크박스(□)에 마우스로 클릭하여 체크 표시(✓)가 나타나도록 한다. 이후에 Next 버튼을 클릭하면 다음 그림 1.12와 같이 파이참 설치 버튼이 나타난다.

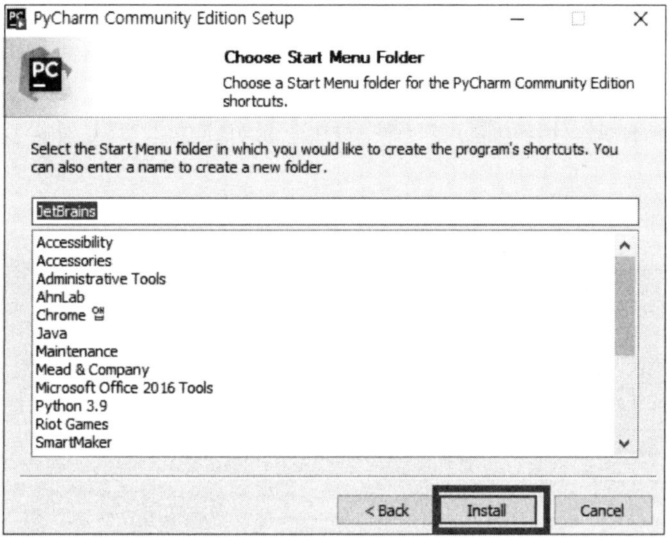

[그림 1.12] 파이참 설치 진행

그림 1.12에서 Install 버튼을 누르면 파이참 설치가 진행되고 완성되면 다음 그림 1.13과 같은 화면이 나타난다. 그림 1.13에서 Finish 버튼을 클릭하여 파이썬 설치를 완료한다.

[그림 1.13] 파이참 설치 완료

1.4 파이썬 코딩 처음 실행해보기

앞 절에서 설명한 파이썬과 파이참이 정상적으로 설치되었다면, 제대로 설치되어 동작되는지 확인하면서 앞으로 코딩을 실습하는 방법을 알기 위해 제일 간단한 프로그램을 실행해보기로 한다.

화면의 파이참 실행 아이콘( )을 실행시킨다. 파이참이 실행된 결과 화면은 다음 그림 1.14와 같다.

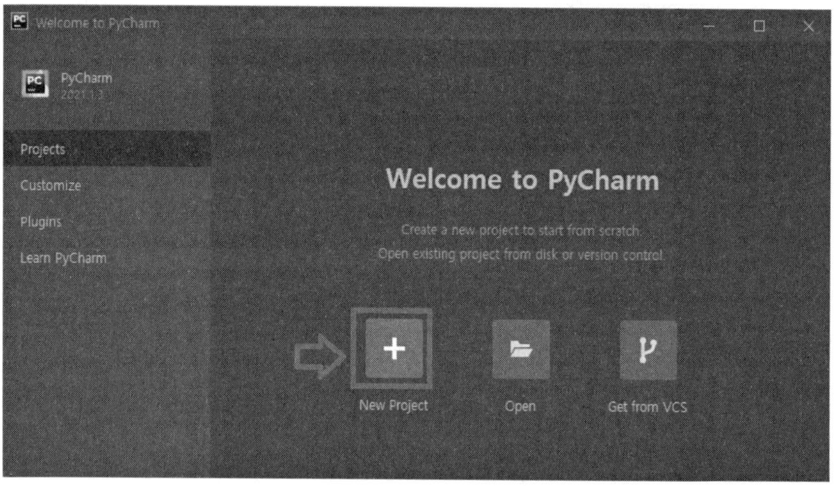

[그림 1.14] 파이참 시작 화면

만약에 그림 1.14가 나타나기 전에 다음과 같은 창이 나타나면 기본적으로 Do not import settings로 선택되어 있는 상태 그대로 OK 버튼을 클릭하면 된다(일반적으로 아래 그림은 나타나지 않는다).

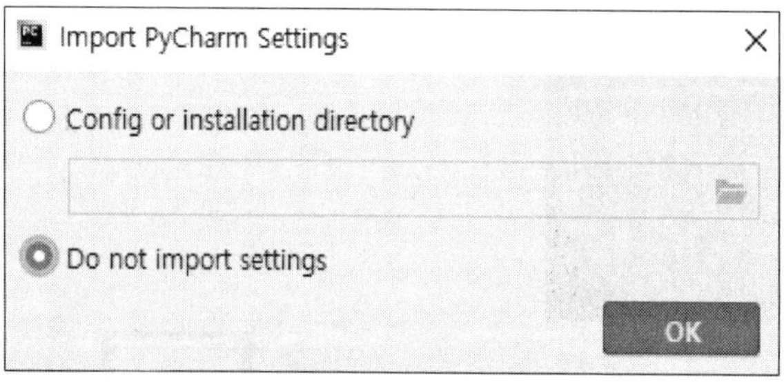

다시 그림 1.14에서 New Project 버튼을 누른다. 결과 화면은 다음 그림 1.15와 같다.

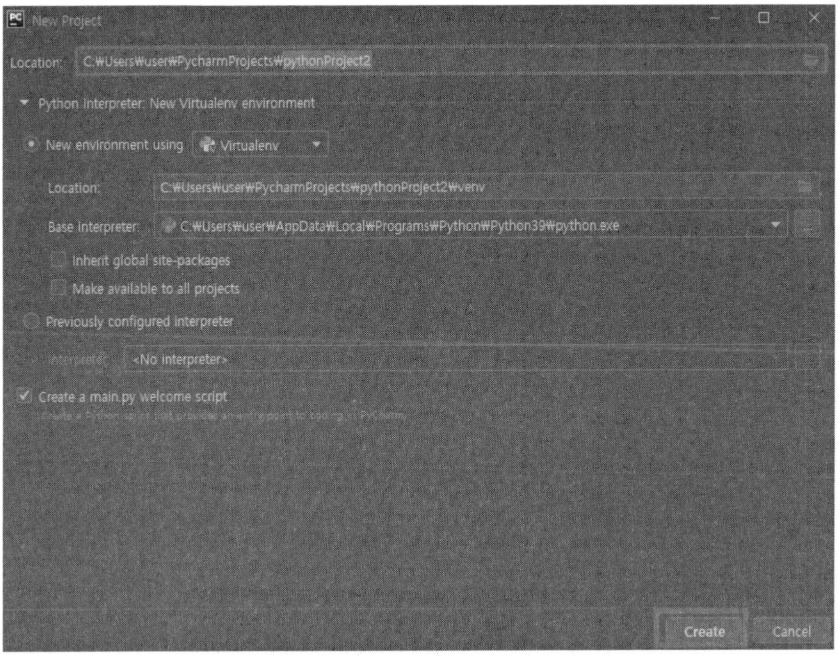

[그림 1.15] 파이썬 프로젝트 생성

그림 1.15에서 그냥 기본값을 유지한 상태로 다른 부분은 손대지 말고 Create 버튼을 클릭한다. 그러면 다음 그림 1.16과 같이 파이썬 코딩을 실행할 수 있는 화면이 나타난다.

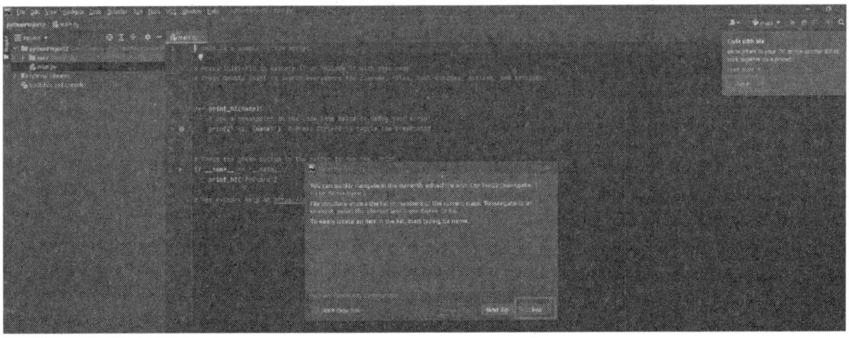

[그림 1.16] 파이썬 코딩 맨 처음 실행화면

그림 1.16에서 Tip of the Day 창과 Code With Me 창은 참고만 하고 각각 Close와 Got it 버튼을 클릭해서 창을 닫아준다. 결과 화면은 다음 그림 1.17과 같다.

[그림 1.17] 파이썬 코딩 실행화면

그림 1.17에서 Run 메뉴를 클릭하면 다음과 같은 하부 메뉴가 나타난다(또는 단축키 Alt+u로 Run 메뉴를 실행시킬 수 있다).

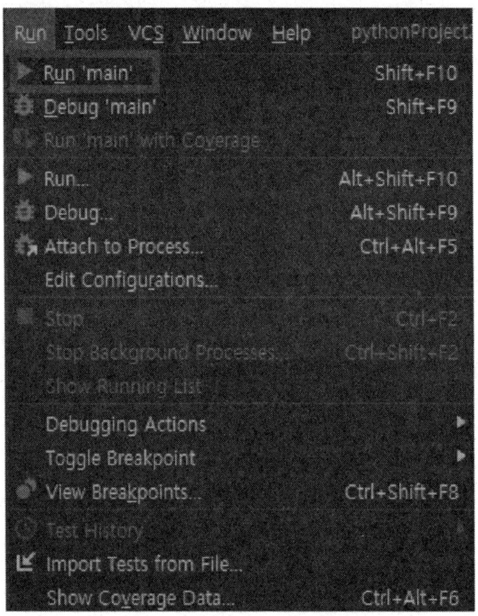

[그림 1.18] 파이썬 Run 메뉴

그림 1.18에서 Run 'main'을 클릭해서 프로그램을 실행시킨다(또는 단축키 Shift+F10로 프로그램을 실행시킬 수 있다). 가장 기본적인 프로그램은 이미 제공되어 있으므로 설치가 제대로 되었는지 확인해 볼 수 있다. 실행 결과는 다음 그림 1.19와 같이 화면 하단에 그 결과가 표시된다.

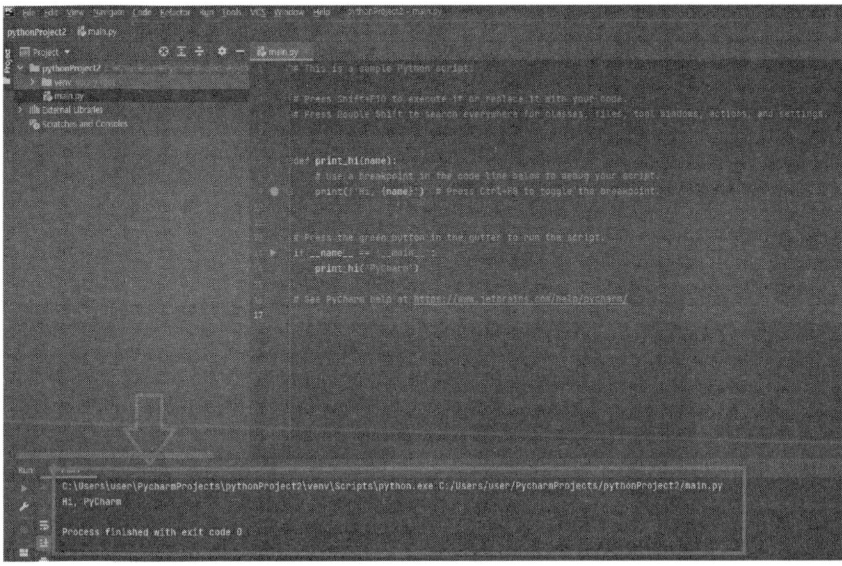

[그림 1.19] 파이썬 프로그램 실행 결과

지금까지의 과정을 잘 따라했다면 그림 1.19와 같이 표시될 것이며, 파이썬 코딩 환경을 제대로 설치했다고 확인할 수 있다. 이미 제공된 프로그램을 사용하여 프로그램 작성(typing) 없이 마우스 클릭 몇 번만으로 프로그램이 실행되는 과정을 살펴보았다. 이제 우리가 직접 프로그램을 작성해 보도록 하자.

프로그램을 작성하기에 앞서 저자의 개인적인 선호 및 학습자의 집중도를 높이기 위해 파이참 화면을 설정하기로 한다. 이 과정은 학습자의 선택 사항으로 생략할 수 있다. 우선 그림 1.20과 같이 File 메뉴의 Settings...를 선택한다.

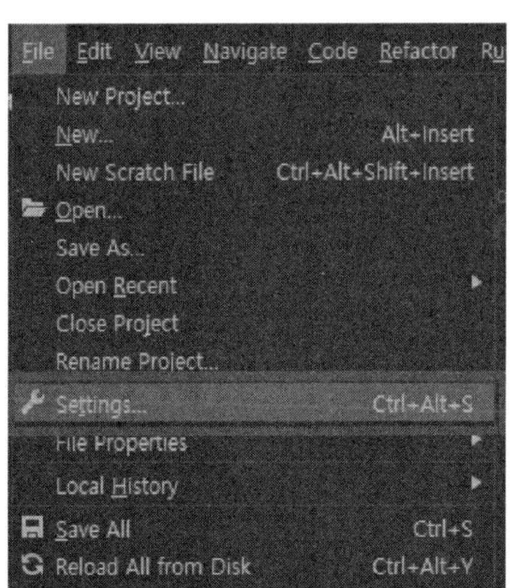

[그림 1.20] 파이참 설정

그림 1.20에서 Settings... 메뉴를 선택하면 다음 그림 1.21과 같은 화면이 나타난다.

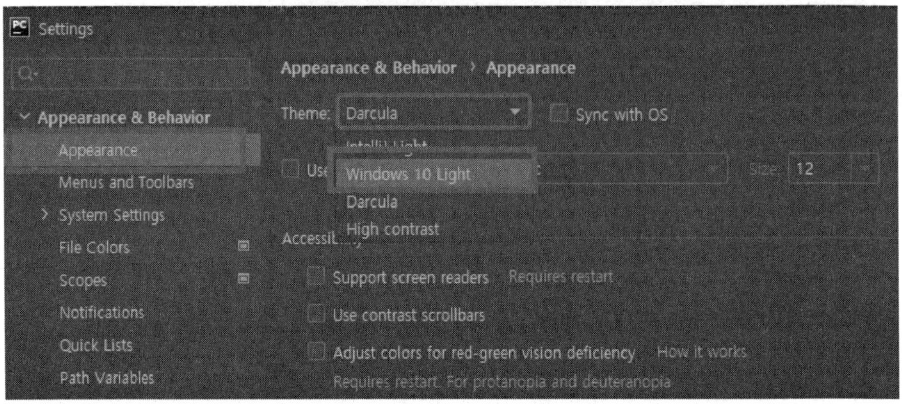

[그림 1.21] 파이참 Theme 설정하기

그림 1.21에서 Appearance & Behavior의 하위메뉴를 펼쳐서(앞 부분의 ﹀ 표시는 하위메뉴가 펼쳐진 상태이고, 〉 표시는 하위메뉴가 접혀져서 안 보이는 상태이다) 하위메뉴인 Appearance를 선택한 후, Theme의 스크롤 메뉴 표시해서(▼ 부분 클릭) Windows 10 Light를 선택한다. 그리고 마찬가지 방법으로 이번에는 Editor의 Font 하위메뉴를 선택한다. 나타나는 화면은 다음 그림 1.22와 같다.

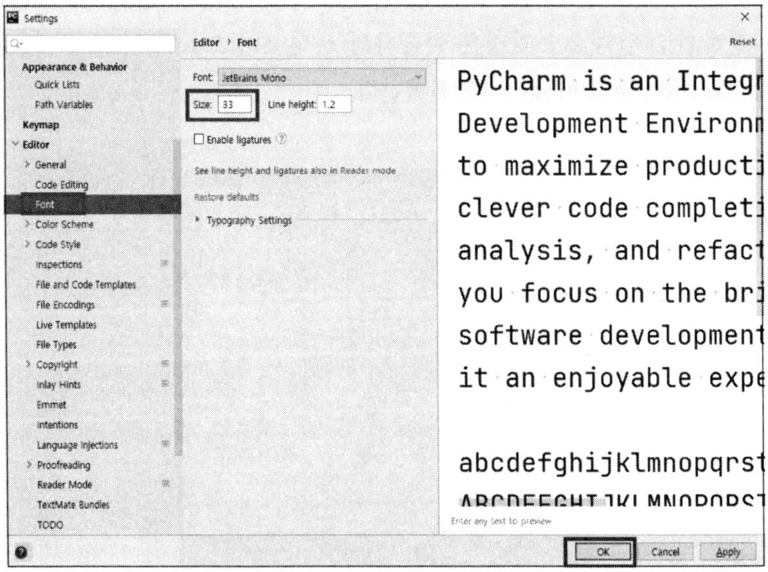

[그림 1.22] Editor Font 설정

그림 1.22에서 Size를 33(또는 25 등 본인의 취향에 맞도록 조정)으로 변경한다. 저자는 학습자들이 잘 볼 수 있도록 설정한 것이므로 실습할 경우 학습자 본인이 익숙하게 할 수 있는 크기를 설정하면 된다. 설정이 다 되었으면 OK를 누른다. 변경된 설정이 적용된 결과 화면은 다음 그림 1.23과 같다.

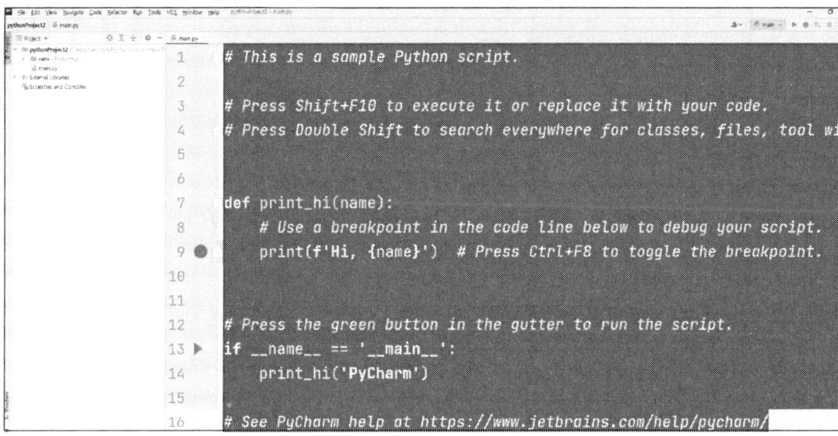

[그림 1.23] 프로그램 편집 창

그림 1.23에서 프로그램 편집 창 부분의 내용을 전부 지우고 print("hello")라고 직접 입력(typing)한다. 만일 현재 9번에 보이는 빨간 원이 지워지지 않으면 그 부분을 마우스 클릭하면 없어진다. 결과 화면은 다음 그림 1.24와 같다.

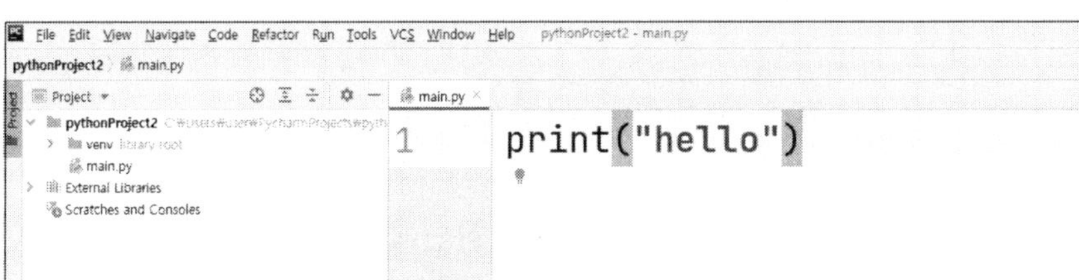

[그림 1.24] hello 프로그램

그림 1.24의 우리가 맨 처음 작성한 파이썬 프로그램을 실행시키기 위해서 Run 메뉴를 선택하면 다음 그림 1.25와 같이 된다.

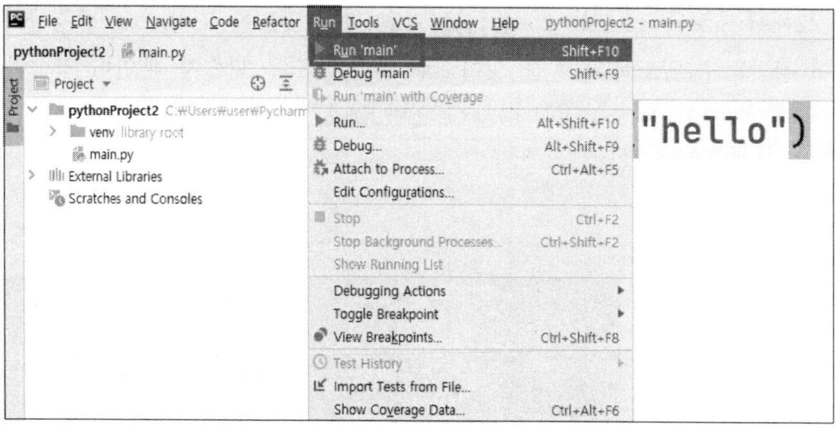

[그림 1.25] 파이썬 hello 프로그램 실행시키기

그림 1.25에서 Run 'main'을 클릭하면 다음 그림 1.26과 같은 결과를 얻는다.

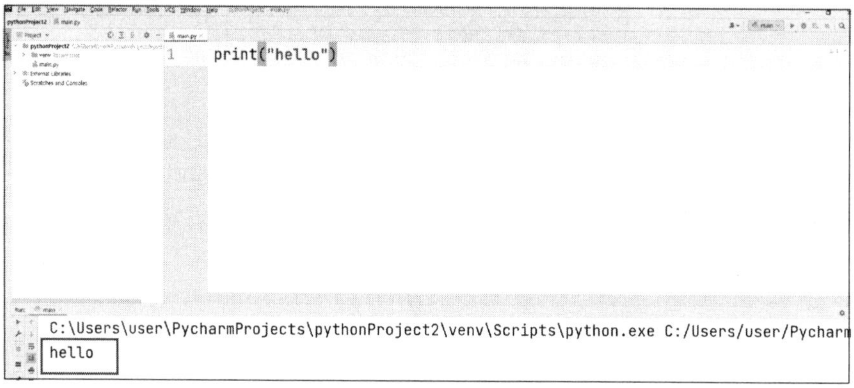

[그림 1.26] 파이썬 hello 프로그램 실행 결과

그림 1.26에서 볼 수 있듯이 우리가 편집 창에서 화면에 hello라고 표시(print)하라는 프로그램을 작성한 후 Run 메뉴를 통해 그 프로그램을 실행시키면, 화면 아래에 프로그램 실행 결과로서 hello가 표시되는 것을 확인할 수 있었다. 이후에 본 교재의 모든 프로그램 실습은 이 방법(절차)을 따르기로 한다.

이번 장에서는 파이썬 언어를 사용해서 프로그램하기 위한 준비과정으로 환경 설정과 사용법을 학습하였다. 다음 장에서는 본격적으로 파이썬 언어에서 가장 기초가 되는 변수와 연산자를 시작으로 파이썬 코딩에 대하여 학습한다.

학습 점검

◎ 프로그램 실행 결과는 어떠하였는지 적어보시오.

◎ 오류가 발생한 부분이 있었는가? 있었다면 적어보시오.

◎ 발생한 오류를 어떻게 해결하였는지 적어보시오.

2장 변수와 연산자

2.1 변수

프로그래밍 언어에서 변수란 프로그램에서 사용되는 자료(data)를 저장하는 기억장치이다. 정확하게는 컴퓨터에서 중앙처리장치(이하 CPU, Central Processing Unit)가 연산하는 데 사용되는 자료를 이용하기 위해서 기억장치의 주소를 할당해서 사용하게 되는데, 그 주소를 의미한다.

본 교재는 프로그램을 실습하면서 익히는 것이 목적이므로 여기서는 어려운 정의(definition)보다는 그냥 요리 재료(자료, data)를 담는 그릇이라고 생각하기로 한다. 프로그램에서 사용할 때는 이 변수(그릇)에 이름을 붙여서 사용하게 되는데, 그 이름을 만드는 규칙은 다음과 같다.

변수 이름을 만드는 규칙
1. 영문, 숫자 및 _(언더바, under bar 기호)만 사용한다. (변수 이름에 특수기호나 공백을 사용하면 안 된다.) 2. 첫 글자에 숫자가 오면 안 된다. 3. 대소문자를 구분한다. 4. 예약어는 변수 이름으로 사용할 수 없다.

코딩에서 요리하기 위해서는 그릇(변수)을 사용하려면 그 그릇 하나하나에 이름을 붙여주어야 한다. 변수 이름을 만드는 규칙을 고려하면 A, AB, Ab, ab1, ab2, ab_1, ab_2 등이 전부 각각 다른 변수명으로 사용될 수 있다. 다만 1ab, 2_a(숫자가 첫 글자에 오면 안 됨), for (예약어는 변수로 사용할 수 없음)와 같은 이름은 변수명으로 사용될 수 없다.

만일 변수 이름 붙이는 규칙을 이해하기 어렵다고 느껴진다면, 우선은 본 교재에서 제시하는 변수 이름을 사용하면서 익숙해진 다음에 점차 자기 자신만의 이름을 붙여나간다면 변수 이름을 만드는 문제를 잘 해낼 수 있을 것이다.

2.2 연산자

프로그래밍 언어에서의 연산자(operator)는 CPU가 명령을 수행하는 것 자체를 의미한다. 이 또한 변수와 마찬가지로 우리는 연산자를 요리하는 행위로 보기로 한다. 예를 들어 그릇에 재료를 담는 연산(동작)은 =로 표현한다. 프로그래밍 언어에서는 =를 대입연산자라고 한다. 파이썬에서 사용되는 연산자는 다음과 같다.

파이썬 연산자
1. 대입연산자 : (=)
2. 산술연산자 : (+, -, *, /, //, %)
3. 관계연산자 : (==, !=, 〉, 〈, 〉=, 〈=)
4. 논리연산자 : (and, or, not)
5. 비트연산자 : (&, |, ^, ~, 〈〈, 〉〉)

파이썬 연산자 중 1번은 대입연산자로 그릇=재료의 형태로 작성한다. 연산 결과는 재료가 그릇에 담기는, 즉 대입되는 동작이 일어난다. 그 다음 2번의 산술연산자는 우리가 잘 아는 더하기, 빼기, 곱하기, 나누기 그리고 몫과 나머지를 계산(요리)하는 요리기구라고 생각할 수 있다. 3번의 관계연산자는 연산자 왼쪽의 재료와 오른쪽의 재료의 크기를 비교해 보는 동작을 해서 비교연산자라고도 부르는데, 요리(연산) 결과는 참(True) 아니면 거짓(False)이 된다. 논리연산자도 결과가 참(True) 아니면 거짓(False)이 되는 동작을 하며 예제를 실습하면서 알아보기로 한다. 비트연산자는 비트별로 연산하는데, 지금 당장 학습하면 어렵다고 느껴질 수 있으므로 나중에 설명하기로 한다.

2.3 변수와 연산자 실습

2.3.1 변수와 연산자 개념을 갖는 1+2 프로그램

지금까지 학습한 변수와 연산자를 이용한 아주 간단한 프로그램을 작성해 보면 다음과 같다.

[Prog 2.1] 변수와 연산자를 이용한 1+2 프로그램

```
a = 1
b = 2
c = a+b
print(c)
```

이 프로그램을 그림으로 나타내면 다음 그림 2.1과 같다.

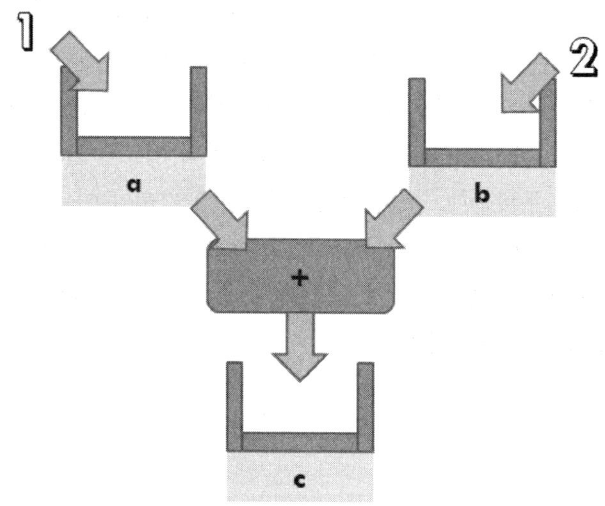

[그림 2.1] 변수와 연산자 개념

그림 2.1을 참고하면서 프로그램 2.1을 살펴보기로 한다. 프로그램은 맨 위의 줄부터 순차적으로 실행된다. 따라서 제일 먼저 컴퓨터 CPU가 a=1이라는 명령을 실행한다. 이를 요리에 비유해서 설명하면 a라는 이름의 그릇에 1이라는 요리 재료를 담으라는 동작을 수행하는 명령이다. 이 문장이 실행되면 a라는 이름의 그릇에는 이전에 어떤 재료가 있었던 간에 모두 버리고 깨끗하게 비운 후 1이라는 재료가 담겨지게 된다. 다시 컴퓨터 CPU는 이제 b = 2이라는 명령을

실행한다. 이전 명령과 유사하게 b라는 이름의 그릇에 2이라는 요리 재료를 담으라는 동작이 실행되므로, b라는 이름의 그릇에는 2라는 재료가 담겨지게 된다.

그 다음에 c = a+b라는 명령이 실행되는데 대입연산자(=)의 우선순위가 가장 낮기 때문에 =의 오른쪽 연산을 다 해서 그 결과를 c라는 이름의 그릇에 담게 된다. 그러려면 a+b 연산이 이루어져야 한다. 이 연산을 요리에 비유하자면, 요리하기 위한 임시 도구인 도마 또는 조리기에 a라는 이름의 그릇에서 재료를 꺼내고 또 b라는 이름의 그릇에서 재료를 꺼내서 서로 섞어서 더하기(+)에 해당하는 조리를 하는 것이다. 그리고 일단 그 요리 결과는 도마 혹은 조리기에 존재하게 되며, 이제 그 조리의 결과물을 c라는 이름의 그릇에 담으면 c = a+b라는 명령 수행이 끝나게 되는 것이다.

여기서 한 가지 유의할 점은 진짜 요리와는 달리 a라는 이름의 그릇 내용과 b라는 이름의 그릇 내용은 조리하려고 꺼낸 재료를 복사한 것이므로 그 내용이 변하지 않는다는 것이다.

마지막으로 c라는 이름의 그릇에 어떤 요리가 완성되었는지 보기 위해(c에는 1+2=3이라는 결과가 담겨있다) print(c)라는 명령으로 c라는 이름의 그릇에 담겨있는 내용을 화면에 표시하는 명령을 실행시킨다.

이제 이 프로그램을 실습해 보자. 제1장에서 프로그램 실습 방법을 설명하였으나 편의를 위해 다시 한 번 더 설명해본다.

1장에서 실습했었던 내용을 참고해서 파이참 프로그램을 실행시키면 다음 그림 2.2와 같다.

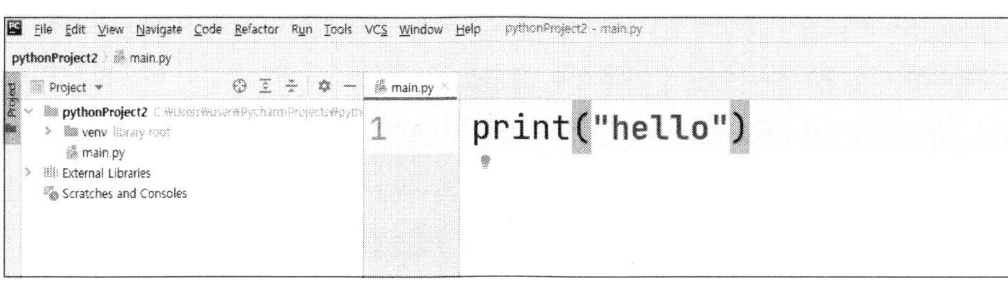

[그림 2.2] hello 프로그램

그림 2.2에서 프로그램 편집 창에 변수와 연산자를 사용한 1+2 프로그램을 작성한다. 프로그램 코드를 입력한 결과는 다음 그림 2.3과 같다.

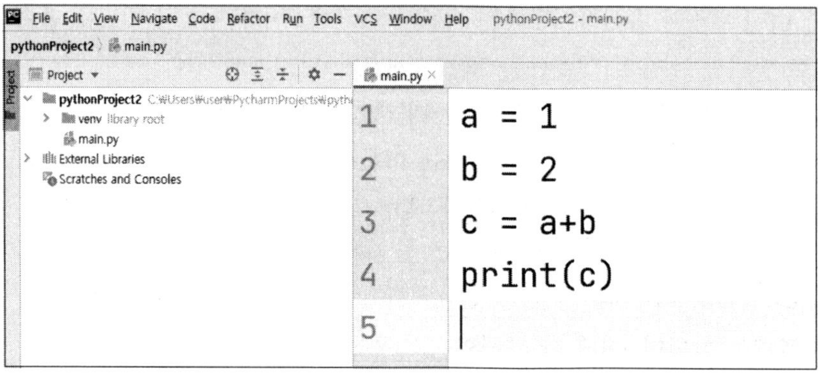

[그림 2.3] 변수와 연산자를 사용한 1+2 프로그램

그림 2.3의 프로그램을 실행시키기 위해 Run 메뉴를 선택하면 다음 그림 2.4와 같이 된다.

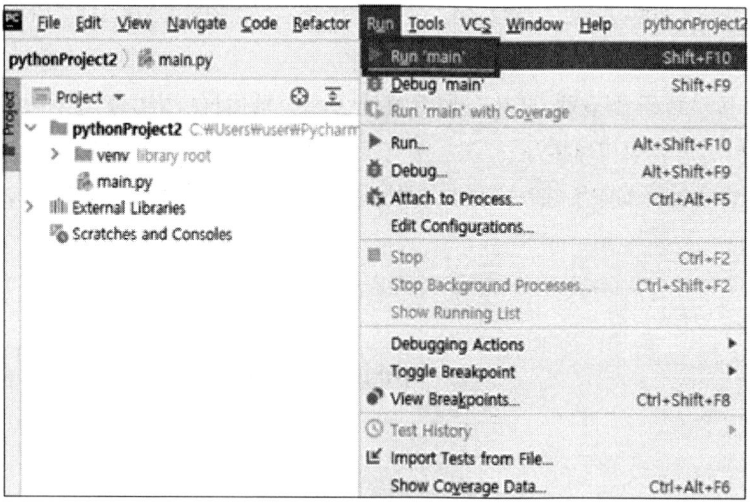

[그림 2.4] Run 메뉴 선택

그림 2.4에서 Run 'main'을 클릭하면 다음 그림 2.5와 같은 결과를 얻는다.

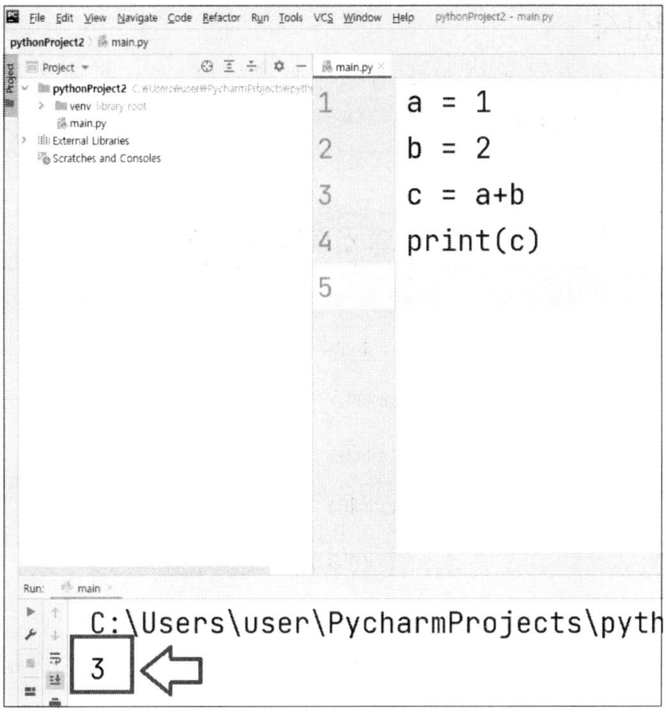

[그림 2.5] 1+2 프로그램 실행 결과

그림 2.5에서 볼 수 있듯이 우리가 편집 창에서 화면에 1+2의 연산 결과를 표시(print)하라는 프로그램을 작성한 후, Run 메뉴를 통해 그 프로그램을 실행시키면 화면 아래에 프로그램 실행 결과로서 3이 표시되는 것을 확인할 수 있었다. 이후 위에서 설명한 프로그램 실행 과정은 학습자가 익히는 것으로 하고, 앞으로는 프로그램 코드와 결과만 나타낼 것이다.

2.3.2 산술연산자

산술연산자는 +, -, *, /, //, %이 있다. 우리에게 매우 익숙하므로 다음 프로그램을 실습해 보는 것으로 설명을 대신한다.

[Prog 2.2] 산술연산자 실습

```
a = 3
b = 2
print(a + b)
print(a - b)
print(a * b)
print(a / b)
print(a // b)
print(a % b)
```

위 프로그램에서는 산술연산자에 집중하기 위해 내용을 단순화하여 c라는 변수는 사용하지 않고 도마 또는 조리기의 요리 결과만을 직접 화면에 보여주었다.

프로그램 실행 결과는 다음과 같다.

```
5
1
6
1.5
1
1
```

위의 결과는 순서대로 3+2=5, 3-2=1, 3x2=6, 3÷2=1.5, 3을 2로 나눈 몫은 1 그리고 나머지는 1이라는 것을 의미한다.

2.3.3 관계연산자

관계연산자는 (==, !=, 〉, 〈, 〉=, 〈=)가 있다. 비교연산자라고도 하며 연산자 좌우에 있는 두 수의 크기를 비교하여 그 결과가 참(True)인지 거짓(False)인지를 알려주는 연산자이다. 예를 들어 '3 == 2'라는 문장은 '3과 2가 같은가?'라고 물어보는 것이고 컴퓨터는 계산해 보고 그 결과가 같지 않다, 즉 거짓이라고 결과를 내는 것이다. 관계연산자도 대체적으로 우리에게 익숙하므로 다음 프로그램을 실습해 보면 이해할 수 있을 것이다.

[Prog 2.3] 관계연산자 실습

```
a = 3
b = 2
print(a == b)
print(a != b)
print(a > b)
print(a < b)
print(a >= b)
print(a <= b)
```

프로그램 실행 결과는 다음과 같다.

```
False
True
True
False
True
False
```

위의 결과는 순서대로 3과 2가 같으냐? → 아니오(False), 3과 2가 다르냐? → 네(True), 3이 2보다 크냐? → 네(True), 3이 2보다 작으냐? → 아니오(False), 3이 2보다 크거나 같으냐? → 네(True), 3이 2보다 작거나 같으냐? → 아니오(False)라는 것을 의미한다.

2.3.4 논리연산자

'철수가 남자이다'라는 문장이 참이고, '순이가 여자이다'라는 문장이 참일 때 '철수는 남자이고 그리고 순이는 여자이다'라는 전체문장은 참이다. 그런데 '철수는 남자이고 그리고 순이는 남자이다'라는 문장은 거짓이 된다. 다만, '철수는 남자이거나 또는 순이는 남자이다'라는 문장은 참이 된다. 이렇게 논리를 따지는 것을 논리연산자라고 하며 and, or, not가 있다.

논리연산의 또 다른 예제로 스위치 연결 회로를 살펴볼 수 있다. 다음 그림 2.6의 and 회로를 살펴보자.

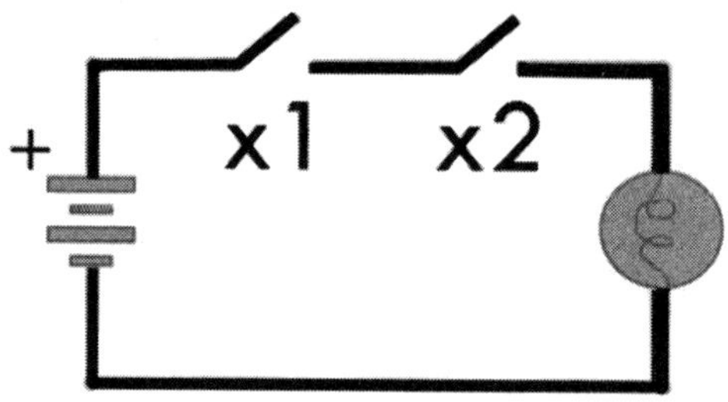

[그림 2.6] 스위치 연결 and 회로

그림 2.6에서 볼 수 있듯이 배터리와 꼬마전구, 그리고 2개의 스위치가 직렬로 연결되어 있다. x1이라는 스위치와 x2라는 스위치는 그 상태에 따라 스위치가 닫히면(선이 연결되면) 참(True)이고 열리면(선이 떨어지면) 거짓(False)이다. 꼬마전구의 불이 켜지면 참(True)이고 불이 꺼지면 거짓(False)이다. 이제 스위치의 상태에 따라 꼬마전구의 불이 켜질지 아닐지를 논리식으로 나타내면 다음과 같다.

y = x1 and x2

or 회로는 x1 스위치와 x2 스위치가 병렬로 연결되면 된다. or 회로는 학습자 개인이 생각해 보도록 한다.

이러한 논리연산자 and, or, not의 진리표는 다음과 같다.

AND 진리표		
x1	x2	y
0	0	0
0	1	0
1	0	0
1	1	1

OR 진리표		
x1	x2	y
0	0	0
0	1	1
1	0	1
1	1	1

NOT 진리표	
x1	y
0	1
1	0

위 진리표에서 0은 거짓(False)을 의미하고 1은 참(True)을 의미한다. 철수가 남자인 것이 참이면 x1=1이라고 정해주고, 순이가 여자인 것이 참이면 x2=1이라고 해주면 된다. 이때 '철수가 남자이고 그리고 순이가 여자이다'라는 문장은 x1 and x2로 표현할 수 있으며 진리표에서 볼 수 있듯이 이 문장은 참이 된다. 또한 그림 2.6의 and 회로에서 스위치 두 개가 모두 닫혀야만(True) 꼬마전구에 불이 켜진다. 다시 말해서 스위치 회로의 and 연산은 진리표에서 볼 수 있듯이 x1과 x2가 모두 참(True)일 때만 참이 된다.

이제 다음 프로그램을 실습해 보자.

[Prog 2.4] 논리연산자 실습

```
x1=False
x2=False
print(x1 and x2)
print(x1 or x2)
print(not x1)
x1=True
x2=False
print(x1 and x2)
print(x1 or x2)
print(not x1)
```

프로그램 실행 결과는 다음과 같다.

```
False
False
True
False
True
False
```

진리표와 비교하면서 확인해 보면 결과의 의미는 바로 이해가 될 것이다. x1=False, x2=True와 x1=True, x2=True의 경우는 여러분들이 각자 실습해 보기 바란다.

2.3.5 비트연산자

비트연산자는 (&, |, ^, ~, 〈〈, 〉〉)이 있다. &는 비트별로 하나하나 and 연산을 하는 것 것이고, |는 비트별로 하나하나 or 연산을 하는 것이다. ^는 비트별로 하나하나 xor 연산을 하는 것이다. ~는 모든 비트를 전부 not을 취해 주는 것이며, 〈〈는 비트 자리수 좌로 이동, 〉〉 비트 자리수 우로 이동이다. 이 연산자들의 자세하고 구체적인 내용은 부록 A를 참고한다.

이번 장에서는 파이썬 언어에서 가장 기초가 되는 변수와 연산자의 개념을 알아보고 실습을 통해 연산자의 구체적인 내용을 학습하였다. 다음 장에서는 코딩에서 중요한 요소인 조건문에 관해서 학습하기로 한다.

학습 점검

◎ 프로그램 실행 결과는 어떠하였는지 적어보시오.

◎ 오류가 발생한 부분이 있었는가? 있었다면 적어보시오.

◎ 발생한 오류를 어떻게 해결하였는지 적어보시오.

3장 조건문

3.1 if문

프로그램은 명령어 문장들이 한 줄 한 줄 순차적으로 이루어져 있다. 이 프로그램이 실행될 때, 컴퓨터의 중앙처리장치(CPU, Central Processing Unit)가 그 프로그램의 첫 번째 줄부터 가져와서 명령을 실행시키고 그 다음 줄을 읽어와서 계속 명령을 순차적으로 실행시키는 일을 하게 된다.

그런데 프로그램의 중요한 기능 중에서 판단을 하거나 선택을 해야 하는 일이 있다. 이러한 경우에는 CPU가 다음 명령어를 가져오는 대신에 건너뛰고 다른 명령어를 가져오는 일을 함으로써 선택이나 판단의 기능을 수행할 수 있다. 조금 더 구체적으로 프로그램에서의 선택이나 판단은 어떤 조건이 참일 때는 이것을 하고, 거짓일 때는 저것을 한다는 동작을 의미한다. 조건에 따라 명령을 수행하는 것을 조건문이라고 하며, 대표적으로 if문이 있다.

프로그램 작성은 문법 형식을 외우고 그 형식에 맞추어 내용을 완성하는 것이다. 다시 말해서 주어진 패턴에 따라 필요한 내용을 채워 넣으면 되는 것이다. 다음 형식은 하나의 패턴으로 꼭 외워두기 바란다. 그냥 의미 없이 외우기보다는 자연스럽게 외워질 때까지 실습을 많이 해보는 것이 더 바람직하다.

if문은 다음과 같은 형식으로 사용한다.

if문 형식
if 조건문:
(들여쓰기) 문장

조건문이 참이면 (들여쓰기) 되어있는 문장을 실행하고 거짓이면 실행하지 않는다. 이해를 돕기 위해 다음 프로그램을 살펴보자.

[Prog 3.1] if문 예제

```
a=10
if a<60 :
    print( "60보다 작아요" )
```

if의 조건문이 a<60이다. 2장 비교연산자에서 설명했듯이 'a라는 이름의 그릇에 담겨 있는 내용이 60보다 작은가?'라고 물어보는 것이다. 결과는 참 아니면 거짓이다. 이 경우는 숫자 10이 60보다 작으므로 참이 된다. 따라서 실행 결과는 다음과 같다.

실행 결과

```
60보다 작아요
```

만약에 a=100이라면 조건문이 거짓이 되므로, print("60보다 작아요")라는 문장이 실행되지 않기 때문에 화면에는 아무 것도 표시되지 않는다.

3.2 if ~ else 문

if ~ else 문은 다음과 같은 형식으로 사용한다.

if ~ else문 형식

```
if 조건문:

    (들여쓰기) 문장

else:

    (들여쓰기) 문장
```

if의 조건문이 참이면 그 밑의 (들여쓰기) 되어있는 문장을 실행하고, 거짓이면 else 밑에 있는 (들여쓰기) 되어있는 문장을 실행한다.

이해를 돕기 위해 다음 프로그램을 살펴보자.

[Prog 3.2] if ~ else문 예제

```
a=100
if a<60 :
    print( "60보다 작아요" )
else :
    print( "60보다 크거나 같아요" )
```

if의 조건문이 a<60이다. a=90이므로, 'a라는 이름의 그릇에 담겨 있는 내용이 60보다 작은가?'의 연산 결과는 거짓이다. 따라서 실행 결과는 다음과 같이 else 밑에 있는 print("60보다 크거나 같아요")라는 문장이 실행된다.

실행 결과

```
60보다 크거나 같아요
```

만약에 a=20이라면 조건문이 참이 되므로, print("60보다 작아요")라는 문장이 실행된다. 각자 실습을 통해 확인하기 바란다.

3.3 if ~ elif ~ else 문

if ~ elif ~ else 문은 다음과 같은 형식으로 사용한다.

if ~ elif ~ else 문 형식

if 조건문:
 	
   (들여쓰기) 문장1
 	
elif 조건문:
 	
   (들여쓰기) 문장2
 	
else:
 	
   (들여쓰기) 문장3

if의 조건문이 참이면 그 밑의 (들여쓰기) 되어있는 문장1을 실행하고, 거짓이면 다시 elif 조건문이 참인지 거짓인지를 따진다. elif 조건이 참이면 그 밑의 (들여쓰기) 되어있는 문장2를 실행하고, 거짓이면 else : 밑에 있는 (들여쓰기) 되어있는 문장3을 실행한다. 조건에 따라 문장1, 문장2 또는 문장3 중에 하나만 실행하게 된다. elif는 여러 개가 가능하다.

이해를 돕기 위해 다음 프로그램을 살펴보자.

[Prog 3.3] if ~ elif ~ else문 예제1

```
a=60
if a<60 :
    print( "60보다 작아요" )
elif a>60 :
    print( "60보다 커요" )
else :
    print( "60과 같아요" )
```

if의 조건문이 a<60이다. a=60이므로, 'a라는 이름의 그릇에 담겨 있는 내용이 60보다 작은가?'의 연산 결과는 거짓이다. 따라서 다시 elif의 조건문인 'a의 내용이 60보다 큰가?'로 넘어간다. 이 역시 거짓이므로 실행 결과는 다음과 같이 크지도 않고 작지도 않은 else 밑에 있는 print("60과 같아요")라는 문장이 실행된다.

실행 결과

```
60과 같아요
```

만약에 a = 50이라면 if 조건문이 참이 되므로, 문장1에 해당하는 print("60보다 작아요")라는 문장이 실행되고 if문은 끝나게 된다. 다시 말해서 if 조건문이 참인 경우에는 문장2와 문장3은 실행되지 않고 문장 1만 실행된다는 것이다. 마찬가지로 만약에 다른 경우에(if 조건문이 거짓인 경우) elif 조건문이 참이면 문장2만 실행되고 elif 조건문마저도 거짓이라면 문장 3만 실행된다. if문에 대한 종합적인 이해를 돕기 위해 좀 더 복잡한 예제를 하나 더 살펴보기로 한다.

[Prog 3.4] if ~ elif ~ else문 예제 2

```
a=50
print( "if문 시작입니다" )
if a<60 :
    print( "if 조건문이 참인 경우입니다" )
    print( "60보다 작아요" )
elif a>60 :
    print( "if 조건문이 거짓인 경우입니다" )
    print( "elif 조건문이 참인 경우입니다" )
    print( "60보다 커요" )
else :
    print( "if와 elif 조건문이 모두 거짓인 경우입니다" )
    print( "60과 같아요" )
print( "if문 끝났습니다" )
```

if문 전에 print("if문 시작입니다")라는 문장이 무조건 실행된다. 그 다음에 if문이 실행되는데, a=50이므로 if의 조건문 a<60 연산 결과는 참이다. 따라서 들여쓰기가 맞춰져 있는 print("if 조건문이 참인 경우입니다")와 print("60보다 작아요")의 2개의 문장이 실행되고 if문은 끝나게 된다. 마지막으로 if문 밑에 있는 print("if문 끝났습니다")는 들여쓰기가 없기 때문에 if문과는 아무 상관없이 그 다음에 무조건 실행되는 문장이다.

위의 설명이 복잡하고 이해가 안 간다면 일단 건너뛰자. 다시 강조하지만, 처음에 생소하고 다소 혼동이 생겨서 이해하기 어려워도 무조건 프로그램을 실행시켜 보고 그 결과를 눈여겨보다 보면 자연스럽게 익숙하게 될 것이다.

본 교재는 프로그램의 많은 실행을 통해 일단 따라해 보면서 컴퓨팅적 사고력과 문제해결능력을 향상시키는 방법을 추구하고 있다. 코딩은 익숙해질 때까지 많은 실습을 해보면서 익혀야 실력이 향상될 수 있기 때문이다.

위의 프로그램 실행 결과는 다음과 같다.

실행 결과

```
if문 시작입니다
if 조건문이 참인 경우입니다
60보다 작아요
if문 끝났습니다
```

a값이 60보다 큰 경우와 60과 같은 경우는 스스로 실습해 보기 바란다.

이제 if문에 대한 흐름도(flowchart)를 보면서 정리한다. 코딩의 흐름을 알 수 있도록 CPU가 조건에 따라 어느 길로 갈지 보여주는 그림이라고 생각한다. if문의 흐름도는 다음 그림 3.1과 같다.

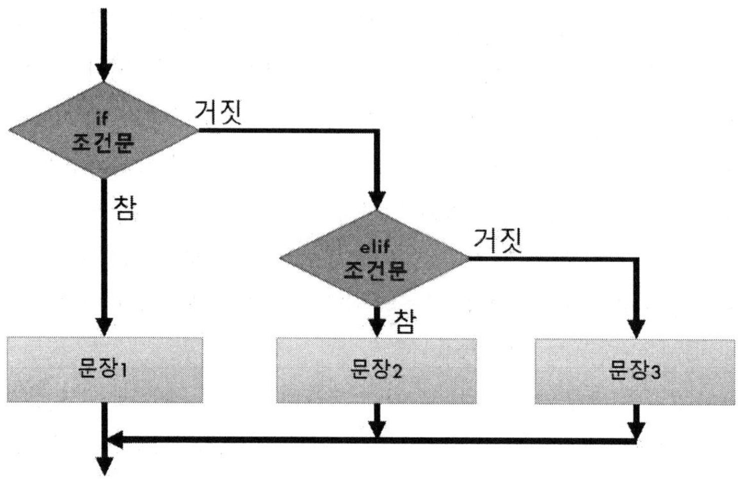

[그림 3.1] if문 흐름도

보통은 흐름도를 먼저 제시하는 것이 정석이지만, 본 교재는 따라하면서 배우는 것이 학습방법이므로 먼저 실습을 통해 결과를 보고 그 결과를 검토하는 그림으로 제시하였으니 참고하면 된다.

3.4 한문장 if ~ else 문

파이썬에서는 간결함을 중시하는 경향이 있다. 그래서 파이썬 코딩에서 종종 if문을 한 개의 문장으로 표현하는 경우가 많다. 중요한 내용이므로 다시 강조하자면, 앞에서 언급한 바와 같이 프로그램의 문법은 형식을 외우고 그 형식에 맞추어 내용을 완성하는 것이다. 다시 말해서 주어진 패턴에 따라 필요한 내용을 채워 넣으면 되는 것이다. 다음 문장도 하나의 패턴으로 외워두기 바란다.

변수 = 참일 때의 값 if 조건문 else 거짓일 때의 값

위의 예제를 한 줄로 바꾸어 표현해 보면 다음 프로그램과 같다.

[Prog 3.5] 한줄 if문

```
a=100
c= "60미만"  if a<60 else  "60이상"
print(c)
```

위 프로그램의 실행 결과는 다음과 같다.

실행 결과
60이상

이번 장에서는 파이썬 코딩에서 중요한 요소인 조건문(if문)에 관해서 학습하였다. 다음 장에서는 반복문에 관하여 학습하기로 한다.

학습 점검

◎ 프로그램 실행 결과는 어떠하였는지 적어보시오.

◎ 오류가 발생한 부분이 있었는가? 있었다면 적어보시오.

◎ 발생한 오류를 어떻게 해결하였는지 적어보시오.

학습 점검

◎ 프로그램 실행 결과는 어떠하였는지 적어보시오.

◎ 오류가 발생한 부분이 있었는가? 있었다면 적어보시오.

◎ 발생한 오류를 어떻게 해결하였는지 적어보시오.

4장 반복문

4.1 for문

앞 장에서 언급한 바와 같이, 프로그램은 명령어 문장들이 한 줄 한 줄 순차적으로 이루어져 있으며, 컴퓨터의 중앙처리장치(CPU, Central Processing Unit)가 그 프로그램의 첫 번째 줄부터 가져와서 명령을 실행시키고 그 다음 줄을 읽어와서 계속 명령을 순차적으로 실행시키는 일을 하게 된다는 것을 배웠다.

앞 장에서 배운 if문의 경우에는 CPU가 다음 명령어를 가져오는 대신에 건너뛰고 다른 명령어를 가져오는 일을 함으로써 선택이나 판단의 기능을 수행할 수 있다는 것을 알 수 있었다. 이와 비슷하게 CPU가 다음 명령어를 가져오는 대신에 다시 위의 줄로 올라가게 되면 실행한 문장을 반복할 수 있게 된다. 이렇듯 상황에 따라 명령을 반복하는 것을 반복문이라고 하고 for문과 while문이 있다.

for문은 다음과 같은 형식으로 사용한다. 다음 형식도 하나의 패턴으로 꼭 숙지해 주기 바란다. 그냥 의미 없이 외우기보다는 자연스럽게 외워질 때까지 수많은 실습을 하는 것이 더 바람직하다.

for문 형식
for 변수 in 숫자들의 나열 : (들여쓰기) 반복할 문장

in 이후에 나열되는 원소(숫자들)의 개수만큼 (들여쓰기)반복할 문장이 반복된다. in 이후에 있는 원소들이 전부 변수에 대입되면서 반복한 후 더 이상 대입할 원소가 없으면 반복을 멈추게 된다(내용을 단순화하기 위해 숫자들의 나열로 범위를 국한해서 설명한다).

숫자들의 나열에서 가장 쉽고 대표적인 것이 range(시작값, 끝값+1, 건너뛰는 값)이다. range()는 시작값에서부터 끝값까지의 숫자를 만들어서 나열해주는 함수이다. 시작값은 생략하면 0이 된다. 건너뛰는 값은 생략하면 1이 된다. 건너뛰는 값을 생략하지 않는 경우에는 시작값도 생략해서는 안 된다. 건너뛰는 값이 음의 부호(-)인 경우 끝값-1로 한다.

다음 예제를 통해 for 문을 이해해 보자.

[Prog 4.1] for문 예제

```
for i in range(5) :
    print(i)
```

range(5)는 range(4+1)이다. 즉 끝값은 4가 된다. 시작값은 생략되었으므로 0이고 건너뛰는 값도 생략되었으므로 1이다. 그래서 range(5)에 의해 만들어지는 원소는 0, 1, 2, 3, 4가 된다. 즉 반복횟수는 5번이 된다.

위의 프로그램에서 print(i)라는 문장은 1개만 있지만 화면에 표시되는 것은 i=0일 때부터 i=4일 때까지 반복해서 화면에 표시하게 되므로 실행 결과는 다음과 같다.

실행 결과

```
0
1
2
3
4
```

다음 예제에서 range()의 시작값과 건너뛰기 값이 있는 경우를 살펴본다.

[Prog 4.2] for문 range()의 시작값과 건너뛰기 값이 있는 경우 예제

```
for i in range(1, 11, 2) :
    print(i)
```

range(1, 11, 2)는 range(1, 10+1, 2)이다. 즉 끝값은 10이 되거나 건너뛰는 값에 따라 10을 넘을 수는 없다. 시작값은 1이고 건너뛰는 값이 2이므로 range(1, 11, 2)에 의해 만들어지는 원소는 1, 3, 5, 7, 9이 되며, 11은 만들어질 수 없다. 반복횟수는 5번이 된다.

위의 프로그램에서 print(i)라는 문장은 1개만 있지만 화면에 표시되는 것은 i=1일 때부터 i=9일 때까지 2씩 건너뛰면서 반복해서 화면에 표시하게 되므로 실행 결과는 다음과 같다.

실행 결과

```
1
3
5
7
9
```

만약에 9, 7, 5, 3, 1로 순서를 바꾸어 표시하려면 range(9, 0, -2)로 건너뛰기가 -인 경우에는 끝값-1로 해주어야 한다. 끝값은 시작에서부터 건너뛰는 방향으로 진행되면서 같아지는 숫자 전까지 포함된다고 기억하면 된다. range(9, 1, -2)와 실습 결과를 비교해 보기 바란다.

반복문과 함께 사용되면서 코딩에서 자주 등장하는 패턴이 하나 있는데 다음과 같은 문장이다.

변수값 증가시키기

```
s = s + i
```

위의 코드를 보면 이전에 s라는 이름의 그릇에 있는 요리 재료를 도마 위에 올려놓고 i라는 이름의 그릇에 있는 요리 재료를 요리해서(더하기) 그 결과를 새롭게 다시 현재의 s라는 이름의 그릇에 담으라는 뜻이다. 즉, 이전 값에 i만큼 증가시키라는 의미가 된다.

이것을 반복문과 함께 사용하면 계속 누적 더하기가 된다. 이해를 돕기 위해 다음 예제 프로그램을 살펴보자.

[Prog 4.3] for 문으로 1+2+3+4+5 계산하기

```
s=0
for i in range(1,6) :
    s=s+i
print(s)
```

range(1, 6)에서 시작값은 1이고 끝값+1은 6이므로 끝값 5이다. 따라서 1에서 5까지의 숫자가 i에 대입되면서 5회 반복하게 된다.

처음에 i = 1이 대입되어 s = s+i 문장이 실행된다. 이전에 s값이 있어야 하기 때문에 s = 0이라는 문장이 반복문 전에 있어야 한다. 현재값 = 이전값+i에서 이전값 = 0이고 현재 i = 1이므로 현재값 = 0+1이 된다. 그 다음에는 i = 2가 되고, i = 1일 때의 현재값이 i = 2일 때 이전값이 된다. 즉, 현재값 = (0+1)+2가 된다. i = 3인 경우도 마찬가지로 현재값 = (0+1+2)+3이 된다. 이제 i = 4인 경우는 현재값 = (0+1+2+3)+4가 되고, 마지막으로 5인 경우에는 (0+1+2+3+4)+5가 되면서 반복을 끝내게 된다. 최종적으로 s값은 0+1+2+3+4+5가 되는 것이다. 이 내용을 이해를 돕기 위해 그림으로 표현하면 다음과 같다.

		s = s + i			
반복횟수	반복상태	현재값 =	이전값	+i 값	수식결과
1	i=1일때	0+1	0	+ 1	s=0+1
2	i=2일때	0+1+2	0+1	+ 2	s=0+1+2
3	i=3일때	0+1+2+3	0+1+2	+ 3	s=0+1+2+3
4	i=4일때	0+1+2+3+4	0+1+2+3	+ 4	s=0+1+2+3+4
5	i=5일때	0+1+2+3+4+5	0+1+2+3+4	+ 5	s=0+1+2+3+4+5

[그림 4.1] s = s+i 문장의 이해(for문을 사용해서 1부터 5까지 더하기)

[Prog 4.2]를 실행시킨 실행 결과는 다음과 같다.

실행 결과

```
15
```

이제 for문을 이용하여 1부터 n까지 더하는 프로그램을 쉽게 확장할 수 있을 것이다. n=100일 때 1부터 n까지 더하는 프로그램은 다음과 같다.

[Prog 4.4] for문으로 1부터 n까지 더하기

```
n=100
s=0
for i in range(1,n+1) :
    s=s+i
print(s)
```

위 프로그램의 실행 결과는 다음과 같다.

실행 결과

```
5050
```

이제 for문에 대한 흐름도(flowchart)를 보면서 정리한다. 흐름도는 코딩의 흐름을 알 수 있도록 CPU가 조건에 따라 얼마나 반복할지를 보여주는 그림이다. for문의 흐름도는 다음 그림 4.2와 같다. 이 흐름도는 먼저 실습을 통해 결과를 보고 나서 그 결과를 검토하여 이해하는 그림으로 제시한 것이므로 참고하면 된다.

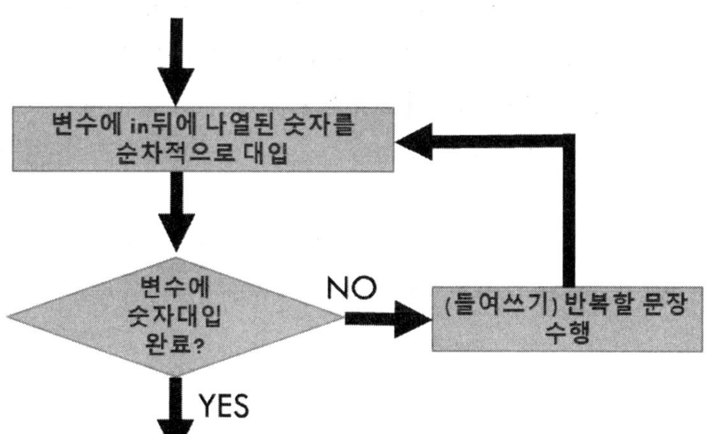

[그림 4.2] for문 흐름도

4.2 while문

반복문에는 for문과 while문이 있다. for문은 while문으로 바꿀 수 있다. while문도 대부분 for문으로 바꿀 수 있지만 약간 차이가 있다. 예를 들어 사용자가 원하는 횟수를 모를 경우 for문으로 작성하는 것보다는 while문이 조금 더 유리하다. 결국 for문과 while문은 거의 비슷한데 for문은 주로 반복 횟수를 알고 있는 경우(숫자들의 나열이 정해진 경우)에 사용하고, while문은 반복 횟수를 모르는 경우에 사용하는 것이 일반적이다.

while문은 다음과 같은 형식으로 사용한다. for문과 마찬가지로 꼭 숙지해 주기 바란다. 실습 프로그램을 따라하면서 문장이 나올 때마다 본 교재에서 제시하는 형식을 다시 한 번 더 찾아보면 좋을 것이다.

while문 형식
while 조건문 : 　　　(들여쓰기) 반복할 문장 　　　(들여쓰기) 조건 변경 문장

조건문이 참(True)이면 문장을 반복하고, 거짓이면 반복을 멈추고 빠져 나온다. 좀 더 자세히 말하면 먼저 조건문이 참인지 살펴본다. 그리고 참이면 그 아래 반복할 문장을 수행한다. 다시 위로 올라가서 또 조건문을 살펴본다. 참이면 같은 일을 반복하고, 거짓이면 건너뛰고 빠져나와서 while 이후로 간다.

조건문의 처음 조건이 거짓이면 문장을 수행하지 않고 바로 빠져나오기 때문에 그 while 문은 존재의 의미가 없다. 또한 처음에 조건이 참이라서 계속 반복하게 되는데, 중간에 반복할 문장에서 조건을 거짓으로 변경할 아무런 명령어도 없다면 그 while문은 무한 반복에 빠져 버리고 만다. while문에서는 이러한 일이 벌어지지 않도록 반복하면서 무엇인가 조건 값이 바뀌는 문장을 포함시켜야 한다.

for문에서 살펴보았던 프로그램 예제 [prog 4.1]의 0에서 4까지 반복해서 화면에 출력하는 코딩을 while문으로 변경하면 다음과 같다.

[Prog 4.5] while문 예제

```
i=0
while i<5 :
    print(i)
    i = i + 1
```

i = 0은 처음 반복에 사용되는 시작 숫자이고, 조건을 참으로 만들어 준다. 화면에 표시하는 print()라는 문장은 한 번만 사용했지만 while문에 의해 반복해서 5번을 화면에 출력시키게 된다. 그 다음에 i = i+1이라는 문장이 이전 i에 1을 더해서 현재 i를 만드는 조건을 변경시키는 문장이 된다. 반복하면서 i값은 하나씩 증가하게 되고 i = 5가 되면 조건이 거짓이 되면서 반복을 빠져나오게 된다.

실행 결과는 다음과 같이 된다.

실행 결과

```
0
1
2
3
4
```

이번에는 화면에 10보다 작은 홀수만 나오게 해보자. 프로그램을 다음과 같이 변형하면 된다.

[Prog 4.6] while문 화면에 홀수 표시

```
i=1
while i<10 :
    print(i)
    i = i + 2
```

실행 결과는 다음과 같다.

실행 결과
1 3 5 7 9

for문과 비교하면서 자꾸 실습해 보면 while문에 대해서도 어느 정도 패턴에 익숙해질 것이다. while문을 사용해서 1부터 n까지 더하는 프로그램은 다음과 같다.

[Prog 4.7] while문 1부터 n까지 더하기

```
n=100
s=0
i=1
while i<n+1 :
    s=s+i
    i = i + 1
print(s)
```

위 프로그램의 실행 결과는 다음과 같다.

실행 결과
5050

while문에 대한 흐름도를 보면서 반복문에 대한 마무리를 하고자 한다. while문의 흐름도는 다음 그림 4.3과 같다.

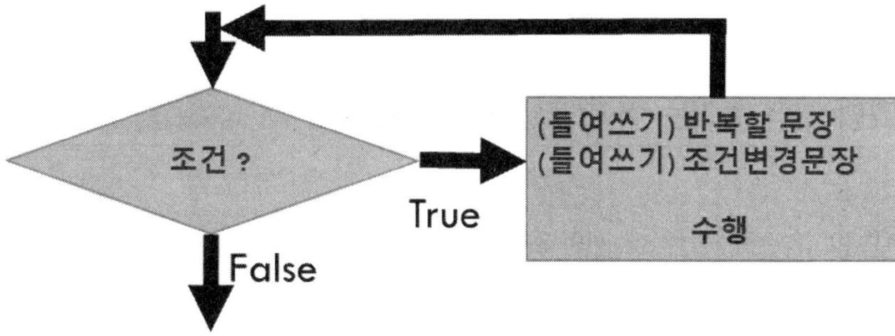

[그림 4.3] while문 흐름도

위의 그림은 따라하면서 배우는 학습방법에 맞추어 먼저 실습을 통해 결과를 보고 그 결과를 검토하는 그림으로 제시하였으니 참고하면 된다.

이번 장에서는 파이썬 코딩에서 중요한 요소 중에 하나인 반복문(for문과 while문)에 관해서 학습하였다. 다음 장에서는 함수에 관하여 학습하기로 한다.

학습 점검

◎ 프로그램 실행 결과는 어떠하였는지 적어보시오.

◎ 오류가 발생한 부분이 있었는가? 있었다면 적어보시오.

◎ 발생한 오류를 어떻게 해결하였는지 적어보시오.

5장 함수

5.1 함수의 개요

4장까지 아주 중요한 기초 문법은 마무리되었다. 이제는 앞에서 배웠던 가장 기초적인 것들을 조합해서 코딩을 하면 되는데, 아직은 좀 더 다져야 할 개념들이 있다. 함수가 그러한 개념 중에 하나이다.

다시 한 번 앞 장에서 배운 것들을 상기해 보자. 프로그램은 명령어 문장들이 한 줄 한 줄 순차적으로 이루어져 있으며, 컴퓨터의 중앙처리장치(CPU, Central Processing Unit)가 그 프로그램의 첫 번째 줄부터 가져와서 명령을 실행시키고 그 다음 줄을 읽어와서 계속 명령을 순차적으로 실행시키는 일을 하게 된다는 것을 배웠다.

if문, for문 그리고 while문은 조건에 따라 이러한 흐름을 바꿔 주는 것이다. 이와 비교해서 함수는 조건과 상관없이 명령어에서 함수 이름을 부르면, CPU가 그 함수로 가서(무조건 흐름이 바뀌어서) 그 곳에 있는 명령어를 수행하는 일을 하는 것이다. 함수에 있는 명령어들을 다 수행했으면 함수 이름을 불렀던 곳으로 다시 되돌아가서 CPU는 또 그 다음 명령을 수행하게 된다.

이 내용을 그림으로 나타내면 다음과 같다.

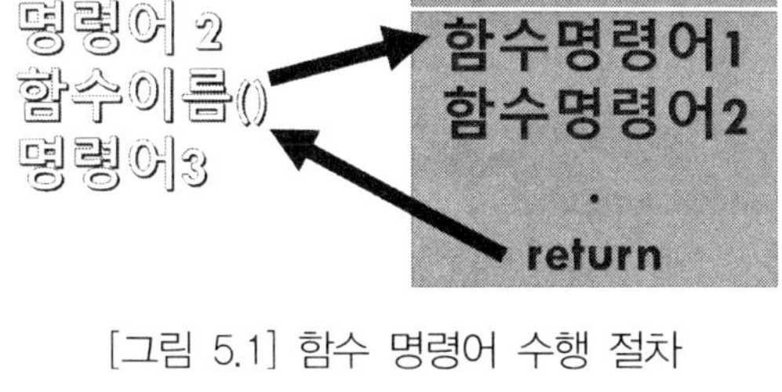

[그림 5.1] 함수 명령어 수행 절차

왜 함수를 사용하는가? 우리는 맨 처음 프로그램으로 print()라는 함수를 사용하였다. 실습을 통해 화면에 내용을 표시한다는 '기능'을 갖는 부품과도 같은 역할을 하는 것을 보았다. 이렇듯 함수는 컴퓨터 명령어들을 모아서 어떤 기능을 갖도록 만들어주는 소프트웨어 부품 또는 새롭게 만들어지는 명령어라고 생각하면 된다. 예를 들어 자동차라는 프로그램을 만들고 싶을 때 엔진에 해당하는 부품, 핸들에 해당하는 부품, 브레이크에 해당하는 부품을 끼워 맞추어 조립하면 된다는 개념으로 함수를 이해해 주기 바란다.

요리로 비유하자면 함수는 어떤 의미를 가질까? 아마도 가스레인지, 전자레인지, 제빵기 등과 같이 어떤 요리 '기능'을 갖는 조리기나 또는 팝콘 재료를 넣으면 팝콘을 만들어 주고 된장찌개 재료를 넣어주면 된장찌개를 만들어주는 조리기라고 생각할 수 있겠다.

공장에서 만들어준 부품 또는 조리기구를 사용할 수도 있지만 내가 직접 기능별로 정리하면서 부품이나 조리기구를 직접 만들어 전체 시스템을 제작하거나 전체 밥상을 완성한다면 프로그램 개발할 때 좀 더 체계적으로 만들 수 있고 나중에 수정 및 보완하기도 용이하다. 더군다나 규모가 상당한 프로그램을 여러 전문가가 협업하면서 시스템을 개발하려면 이러한 함수(기능별 부품 또는 조리기구) 제작은 필수적이라고 할 수 있겠다.

제공되는 함수를 사용하는 경우는 사용법만 알면 되지만, 내가 직접 만들려면 함수를 정의해서 사용하여야 한다. 다음 절에서 함수정의에 대해 살펴보기로 한다.

5.2 함수정의

함수정의는 다음과 같은 형식으로 사용한다. 거듭 강조하지만 코딩 문법의 기본 패턴은 꼭 숙지하여야 한다. 무조건 외우기보다는 계속 코딩을 실습하면서 나올 때마다 관심을 갖고 형식 부분을 다시 살펴보면 자연스럽게 외워질 것이다.

함수정의 형식

def 함수명(매개변수) :
    (들여쓰기) 함수문장
    ...
    (들여쓰기) 함수문장
    (들여쓰기) return 변수

소괄호 '()'가 등장하면 함수라고 보면 된다. 함수명은 스스로 만들면 되는데 이때 변수 이름 만드는 방법을 적용하면 된다. 편의를 위해 2장의 내용을 다시 표시한다.

변수 이름을 만드는 규칙
1. 영문, 숫자 및 _(언더바, under bar 기호)만 사용한다. (즉, 변수 이름에 특수기호나 공백을 사용하면 안 된다.) 2. 첫 글자에 숫자가 오면 안 된다. 3. 대소문자를 구분한다. 4. 예약어는 변수이름으로 사용할 수 없다.

함수명 다음에 소괄호 '()' 안에 매개변수는 함수에 전달되는 변수이다. 조리기에 입력되는 요리 재료라고 볼 수 있다. 매개변수는 생략할 수 있다.

이후에 일반적으로 코딩하듯이 함수의 기능을 수행할 명령어들을 작성하면 되고 맨 나중에 결과를 전달할 내용을 그릇에 담아 return이라는 명령으로 함수를 빠져나와 함수 이름을 불렀던 곳으로 되돌아간다. return은 생략될 수 있으며, return이 생략된 경우에는 맨 마지막 함수문장이 끝나면 함수를 빠져 나와서 함수 이름을 불렀던 곳으로 되돌아간다.

우리가 만들 수 있는 아주 간단한 함수를 다음과 같이 정의해 보자.

```
def hello():
    print( "hello" )

def two():
    return 2

def three_times(x):
    return x*3
```

첫 번째 hello()라는 함수는 매개변수도 없고 return도 없이 이름이 불리면 화면에 hello라고 표시하는 기능을 갖는다. 두 번째 two()라는 함수는 매개변수는 없지만 return이 있어서 이름이 불리면 그 결과로 무조건 2를 반환한다. 마지막 three_times(x)라는 함수는 매개변수도 있고 return도 있는 일반적인 함수이다. 매개변수 x는 꼭 x라는 이름을 사용하라는 것이 아니며, 매개변수에 재료를 전달해줄 때 숫자를 넣어주거나 다른 이름의 변수를 넣어서 전달해주면 함수 안에 x라는 이름의 그릇에 옮겨 담는다는 뜻이다. 이 설명이 이해가 안 되어도 실습을 많이 하다보면 이해할 수 있을 것이다. 반복된 실습을 통해 함수에 대한 코딩 실력을 향상시키기 바란다. 위의 정의는 실행시켜도 아무런 결과도 얻을 수 없다. 함수정의는 그냥 사용하기 위해 준비만 해놓은 것이고 아직은 동작하지 않는다. 실제로 동작시키기 위해서는 함수 이름을 불러주어야 한다.

다음 절에서 함수사용에 대해서 알아보기로 한다.

5.3 함수사용

함수 사용은 간단하다. 명령어라고 생각하고 함수 이름만 불러주면 해당 기능이 작동된다. 다만 그 함수의 입력에 해당하는 매개변수 내용을 알아야 하고, 어떠한 기능을 갖고 반환되어 오는 결과값이 어떤 형태인지 알아야 한다. 우리가 직접 만든 것은 그 내용을 훤하게 알 것이고, 제공되는 함수는 그 사용법을 알아야 한다. 예를 들어 앞에서 실습해 보았던 print()라는 함수는 반환되는 값은 없고 매개변수는 화면에 표시하고 싶은 정보라고 생각해도 무관하다. 그리고 range()함수는 매개변수가 시작값, 끝값+1, 건너뛰는 값이 있었고 그 결과로 숫자들의 나열이 반환되어 왔다는 것을 기억을 더듬어 볼 수 있다.

편의를 위해 4장에 학습했던 내용을 다음과 같이 다시 한번 중복해서 표시한다.

[Prog 5.1] range()함수와 print()함수의 사용

```
for i in range(1, 11, 2) :
    print(i)
```

range()함수의 결과값인 반환 값(숫자들의 나열)은 다른 변수에 옮겨 담을 수도 있지만 함수 이름 자체가 그 결과를 담고 있는 그릇 역할을 한다. 2장의 a+b라는 연산자 설명에서 a라는 그릇의 재료를 임시 그릇에 해당하는 도마나 조리기에 담고 b라는 그릇의 내용도 도마나 조리기에 담은 후 더하기 요리를 한 결과는 그 도마나 조리기에 있어서 바로 사용할 수 있다는 설명을 상기해 주기 바란다. 결국 다른 관점에서 함수는 내가 만든 또는 공장에서 특수하게 만들어서 제공되는 연산자라는 개념으로도 볼 수도 있다.

위의 실습 프로그램을 함수 사용이라는 관점에서 한 번 더 실습해 보기 바란다. 위 프로그램의 실행 결과는 다음과 같다.

실행 결과

```
1
3
5
7
9
```

이제 앞 절에서 정의했던 함수들을 이용하는 프로그램을 실습해 보자. 다음 프로그램을 입력하고 실행시켜 본다.

[Prog 5.2] hello() 함수정의 및 사용

```
def hello():
    print( “hello” )

hello()
```

실행 결과는 다음과 같다.

실행 결과

```
hello
```

다음 프로그램을 입력하고 실행시켜 본다.

[Prog 5.3] two()와 three_times() 함수정의 및 사용

```
def two():
    return 2

def three_times(x):
    return x*3

a=two()
print(a)

c=three_times(a)
print(c)
```

실행 결과는 다음과 같다.

실행 결과
2 6

함수에 관한 실습을 한 가지 더 해보기로 한다. 3장에서 배운 1에서 n까지 더하는 프로그램을 함수로 만들어서 n = 10인 경우와 n = 100인 경우를 실습해 보자. 함수 이름은 n_sum()으로 한다.

[Prog 5.4] n_sum() 함수정의 및 사용

```
def n_sum(n):
    s=0
    for i in range(1,n+1):
        s=s+i
    return s

print(n_sum(10))
print(n_sum(100))
```

실행 결과는 다음과 같다.

실행 결과
55 5050

가끔 코딩을 할 때 같은 기능을 여러 번 사용하는 경우가 있다. 한번 함수로 정의해 놓으면 그 다음부터는 이름만 부르면 같은 기능을 해주기 때문에 함수의 또 다른 매력이라고 할 수 있다. 위의 프로그램 실습에서 볼 수 있듯이 n = 10인 경우와 n = 100인 경우를 모두 함수 하나로 해결해 준다.

이번 장에서는 함수의 개념, 함수의 정의 및 사용 방법에 관하여 학습하였다. 많은 실습을 통해 익숙해지기를 바란다.

함수의 개념과 함께 파이썬에서 정리해 두어야 할 개념으로 클래스가 있다. 다만 본 교재는 이론보다는 따라하면서 배우는 방식을 추구하므로, 클래스에 관한 것은 부록 B를 참고한다.

다음 장에서는 파이썬으로 수학 문제 풀기에 관하여 학습한다.

학습 점검

◎ 프로그램 실행 결과는 어떠하였는지 적어보시오.

◎ 오류가 발생한 부분이 있었는가? 있었다면 적어보시오.

◎ 발생한 오류를 어떻게 해결하였는지 적어보시오.

PART · 2

파이썬 응용

6장 파이썬으로 수학 문제 풀기

6.1 수와 연산

[문제 6.1.1]

1에서 60 사이의 자연수 중에서 소수를 모두 찾으시오.

이 문제를 풀기 위해서는 먼저 소수가 무엇인지 알아야 한다. 소수의 정의는 다음과 같다.

소수의 정의
1보다 큰 자연수 중에서 약수가 1과 자기 자신뿐인 수를 소수라고 한다.

그러면 먼저 주어진 수가 소수인지 아닌지를 판별해 보는 함수를 생각해 보자. 약수란 어떤 정수를 나누어떨어지게 하는 0이 아닌 정수를 말한다. 즉 1과 자기 자신 이외의 수 중에서 나누어떨어지는 수가 있느냐는 것이다. 좀 더 구체적으로 어떤 수로 나누어서 나머지가 0인 경우가 나누어떨어진다고 할 수 있다. 자기 자신보다 큰 수로 나누면 무조건 나머지가 자기 자신인 경우가 되기 때문에 1보다 큰 수에 대해 자기 자신보다 큰 수로 나누어떨어지는 것을 알아보는 것은 의미가 없다.

결국 어떤 수가 소수인지 알려면 자기보다 작은 값들로 나누어떨어지는지 아닌지를 봐서 하나라도 나누어떨어지는 수가 존재하면 그 수는 소수가 아니다. 자기보다 작은 모든 수로 나누어 보았는데 하나도 나누어떨어지는 수가 없으면 그 수는 소수이다.

예를 들어 9가 소수인지 아닌지 알고 싶다고 해보자. 1과 자기 자신은 제외하고 9보다 작은 수들을 나열하면 2, 3, 4, 5, 6, 7, 8이 해당한다. 이 숫자들로 9를 나누어서 나머지를 살펴보는 프로그램을 살펴보면 다음과 같다.

[Prog 6.1] 9보다 작은 수로 나누어 나머지 구하기

```
for i in range(2, 9) :
    print( “9를 {0}로 나눈 나머지는 {1} ” .format(i, 9 % i ))
```

먼저 for 반복문이 나왔다. for문의 형식은 4장에서 학습하였다. 편의를 위해 다시 한번 나타내면 다음과 같다.

for문 형식

```
for 변수 in 숫자들의 나열 :
        (들여쓰기) 반복할 문장
```

여기서 숫자들의 나열을 나타내는 대표적인 함수가 range()라는 것을 배웠다. 이에 대한 내용도 편의를 위해 중복해서 나타내면 다음과 같다.

형식은 range(시작값, 끝값+1, 건너뛰는 값)이다. range()는 시작값에서부터 끝값까지의 숫자를 만들어서 나열해 주는 함수이다. 시작값은 생략하면 0이 된다. 건너뛰는 값은 생략하면 1이 된다. 건너뛰는 값을 생략하지 않는 경우에는 시작값도 생략해서는 안 된다. 건너뛰는 값이 음의 부호(-)인 경우 끝값-1로 한다.

프로그램 그 다음 줄의 print()함수의 새로운 사용방법을 알아보자. “{0} {1} ... {n}”.format(변수0, 변수1, ... , 변수n)의 형식이다. 변수0의 내용이 {0}에 대입되고, 변수1의 내용이 {1}에 대입되면서 계속 이런 식으로 임의의 수 n개의 변수 값을 형식에 맞추어 화면에 표시할 때 사용한다. 일단 이런 게 있다는 사실 정도만 알고 교재에 나오는 대로 관심을 갖고 따라하면서 자연스럽게 익혀두면 되겠다. 중괄호 ‘{}’ 안의 숫자는 생략할 수 있다. 그러면 format 뒤의 변수 순서대로 차례로 대입된다. 위의 프로그램을 실행시킨 결과는 다음과 같다.

실행 결과

```
9를 2로 나눈 나머지는 1
9를 3로 나눈 나머지는 0
9를 4로 나눈 나머지는 1
9를 5로 나눈 나머지는 4
9를 6로 나눈 나머지는 3
9를 7로 나눈 나머지는 2
9를 8로 나눈 나머지는 1
```

실행 결과에서 9를 3으로 나눈 나머지가 0이라는 것을 알 수 있다. 이것은 1과 자기 자신(9) 이외에 나누어떨어지는 수(3)가 존재한다는 의미이므로 9는 소수가 아니다.

실행 결과를 분석해 보면 나머지가 0인 경우가 생기면 그 뒤로는 더 이상 다른 숫자로 나누어떨어지는지 반복할 필요가 없다. 이렇듯 반복문을 무조건 빠져나오고 싶을 때 사용할 수 있는 명령어가 있는데 바로 break문이다. break문이 포함된 for문 형식은 다음과 같다.

break문 포함된 for문 형식

```
for 변수 in 숫자들의 나열 :
        (들여쓰기) 반복할 문장
        #반복문을 무조건 빠져나가고 싶은 조건일 경우
        (들여쓰기) if 조건문 :
        (들여쓰기)    (들여쓰기)  break
```

위의 프로그램 [Prog 6.1]을 조금 변경하여 나머지가 0인 경우가 생길 때 무조건 반복문을 빠져나오는 프로그램으로 만들면 다음과 같다.

[Prog 6.2] 나머지가 0인 경우 빠져 나오기

```
for i in range(2, 9) :
    res = 9 % i
    print( "9를 {0}로 나눈 나머지는 {1} ".format(i, res))
    if res == 0 :
        print( "반복문을 빠져 나갑니다." )
        break
```

실행 결과

```
9를 2로 나눈 나머지는 1
9를 3로 나눈 나머지는 0
반복문을 빠져 나갑니다.
```

이제 9라는 수 대신에 임의의 수 n으로 확장한 다음 프로그램을 고려하자. 본문에서는 n = 11을 예로 들었으나 자연수이면 n에 아무 수나 넣어도 된다.

[Prog 6.3] 임의의 수 n보다 작은 수로 나누어 나머지 구하기

```
n=11
for i in range(2, n) :
    res = n % i
    print( "{}를 {}로 나눈 나머지는 {} ".format(n, i, res))
    if res == 0 :
        print( "반복문을 빠져 나갑니다." )
        break
```

실행 결과
11를 2로 나눈 나머지는 1 11를 3로 나눈 나머지는 2 11를 4로 나눈 나머지는 3 11를 5로 나눈 나머지는 1 11를 6로 나눈 나머지는 5 11를 7로 나눈 나머지는 4 11를 8로 나눈 나머지는 3 11를 9로 나눈 나머지는 2 11를 10로 나눈 나머지는 1

실행 결과를 보면 11은 1과 자기 자신 이외의 자기보다 작은 수 중에서 나누어떨어지는 수가 없다(자기보다 큰 수로 나누면 나머지가 자기 자신이 되므로 나누어떨어지는 의미가 없다). 따라서 11은 소수이다. 이제 어떤 임의의 자연수 n이 소수인지 판별하는 함수를 만들어서 프로그램을 실습해 보면 다음과 같다.

[Prog 6.4] 소수판별 함수

```
def is_prime(n):
    isprime=True
    for i in range(2, n) :
        if (n % i) == 0 :
            isprime=False
            break
    return isprime


n=23
c=is_prime(n)
if c :    #if c==True
    print("{}은 소수입니다.".format(n))
else :    #if c==False
    print("{}은 소수가 아닙니다.".format(n))
```

실행 결과

```
23은 소수입니다.
```

이제 [문제 6.1.1] '1에서 60 사이의 자연수 중에서 소수를 모두 찾으시오.'를 해결할 수 있다. 정의에 의해 1은 소수가 아니고 2부터 차례대로 소수인지 아닌지를 함수에 넣어서 소수인 경우만 화면에 출력시키면 된다. [문제 6.1.1]을 해결하는 프로그램은 다음과 같다.

[Prog 6.5] 1부터 60 사이의 소수 구하기

```
def is_prime(n):
    isprime=True
    for i in range(2, n) :
        if (n % i) == 0 :
            isprime=False
            break
    return isprime

for n in range(2,61):
    if is_prime(n) : # if is_prime(n)==True
        print(n, end = ", " )
```

실행 결과

```
2, 3, 5, 7, 11, 13, 17, 19, 23, 29, 31, 37, 41, 43, 47, 53, 59,
```

가장 기본적인 코딩문법을 사용해서 소수를 구하는 방법을 알아보았다. 하지만 대부분의 문제가 그렇듯이 다른 방법의 풀이가 있다. 소수를 구하는 다른 방법을 생각해 보자.

일단 문제를 단순화하기 위해 1부터 19까지만 생각하자. 먼저 다음 표처럼 0부터 19까지의 표를 하나 생각해 보자. 0부터 시작하는 이유는 우선은 컴퓨터가 자료를 취급할 때 0번지부터 시작하기 때문이라는 정도로 알아두자. 0과 1은 정의에 의해 소수가 아니므로 제외(False)하고 모두 소수일 가능성이 있으므로 일단 True라고 한다.

0	1	2	3	4	5	6	7	8	9
False	False	True	True	True	True	True	True	True	True
10	11	12	13	14	15	16	17	18	19
True	True	True	True	True	True	True	True	True	True

그러면 대상이 되는 수 중 제일 작은 수인 2는 1보다 크고 자기 자신보다 작은 자연수는 존재하지 않기 때문에 소수라는 것을 알 수 있다. 그러면 그 이후의 2의 배수는 전부 소수가 아니다. 2로 나누어떨어지기 때문이다. 결국 2는 소수로 남겨 놓고, 1부터 19 사이의 숫자를 나열하고 2의 배수(짝수)를 지워 나가면 된다. 다음 표에서는 False로 만드는 것을 지워나가는 것으로 하겠다.

0	1	2	3	4	5	6	7	8	9
False	False	True	True	False	True	False	True	False	True
10	11	12	13	14	15	16	17	18	19
False	True	False	True	False	True	False	True	False	True

이제 같은 이유로 2보다 큰 수 중에 표에 True로 남아 있는 제일 작은 수 3은 남겨 놓고, 그 3의 배수를 지워 나간다. 3보다 작은 수 2에 의해 지워지지 않았으므로 이는 자기보다 작은 자연수 중에 나누어떨어지는 수가 없다는 뜻이다. 이 문제에서 3의 배수는 6, 9, 12, 15, 18이 해당되는데 짝수는 이미 지워졌으므로 9와 15가 해당된다. 결과는 다음과 같다.

0	1	2	3	4	5	6	7	8	9
False	False	True	True	False	True	False	True	False	False
10	11	12	13	14	15	16	17	18	19
False	True	False	True	False	False	False	True	False	True

이런 식으로 하여 지워지지 않고 남은 수가 소수가 되는 것이다. 이와 같이 소수를 찾는 방법은 고대 그리스의 수학자인 에라토스테네스가 고안한 것으로, 마치 체로 걸러내듯 소수를 걸러낸다고 하여 '에라토스테네스의 체'라고 한다.

소수를 찾는 방법은 알겠는데 이걸 어떻게 코딩으로 처리할까? 코딩에서 위의 표와 같이 만들려면 0부터 19까지의 이름을 갖는 그릇을 만들어서 거기에 True인지 False인지를 나타내는 재료를 담아 주어야 한다. 그러면 다음과 같이 코딩할 수 있다.

```
a0=False
a1=False
a2=True
a3=True
...
...
a18=False
a19=True
```

20개만 만들어도 이렇듯 번거롭고 복잡한데, 100개 이상을 만들려면 포기해야 할 것이다. 이러한 경우에 사용하는 것이 바로 리스트이다. 리스트는 하나의 이름의 이름으로 여러 개의 재료를 담을 수 있는 붙어 있는 그릇 세트라고 생각하면 된다. 리스트의 개념을 그림으로 표현하면 다음 그림 6.1과 같다.

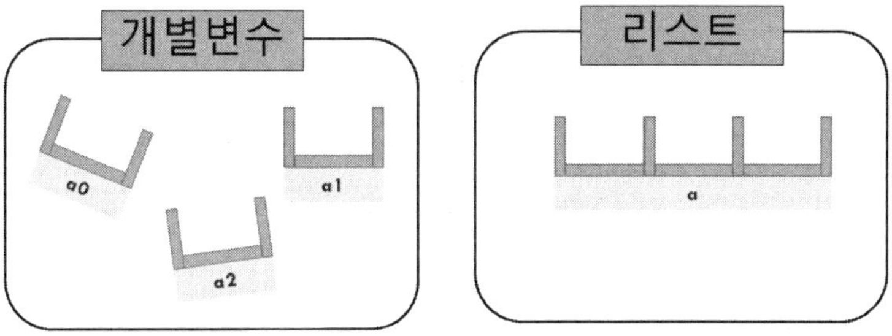

[그림 6.1] 리스트 개념

이러한 리스트는 대괄호 '[ ]'를 붙여서 다음과 같이 선언해서 사용한다.

a=[False, False, True, True, True]

파이썬은 리스트 덧셈과 곱셈 개념이 있다. 산술연산과는 다르게 덧셈은 리스트 추가, 곱셈은 정수만 곱할 수 있는데 그 횟수만큼 추가된다. 예를 들어 다음과 같이 사용된다.

```
a=[False, False] + [True]*18
```

이렇게 선언된 리스트를 사용하는 방법은 다음과 같다.

변수 = 리스트이름[리스트 색인]

리스트 색인은 0부터 시작한다. 다음 프로그램을 실습해 보자.

[Prog 6.6] 리스트 사용하기

```
a=[False, False] + [True]*18
print(a[1])

for i in range(4):
    print( "a 리스트에서 색인 {}에 해당하는 값은 {}입니다."
            .format(i, a[i]))
```

실행 결과

```
False
a 리스트에서 색인 0에 해당하는 값은 False입니다.
a 리스트에서 색인 1에 해당하는 값은 False입니다.
a 리스트에서 색인 2에 해당하는 값은 True입니다.
a 리스트에서 색인 3에 해당하는 값은 True입니다.
```

리스트에 대한 좀 더 자세한 사항은 부록 C를 참고하기 바란다. 이제 다시 '에라토스테네스의 체' 문제로 돌아가서 소수를 구하는 문제를 생각해 보자. 1에서 60 사이의 수들이 각각 소수인지를 나타내는 상태(True 또는 False)를 담을 수 있는 그릇 세트를 마련하자.

색인이 숫자라고 생각하고, 그 숫자가 소수이면 True, 소수가 아니면 False로 처리하기 위해서 a이라는 이름의 리스트를 다음과 같이 만들어 준다.

```
n=60
a=[True]*(n+1)
a[0]=False
a[1]= False
```

0과 1은 정의에 의해 소수가 아니다. 그래서 False로 해 주었다.

이제 반복문을 사용하여 2부터 소수에 담고 배수를 지워준 다음에 그 다음 수인 3으로 진행한다. 이전에 지워졌다면 넘어가고 그렇지 않으면 그 수를 소수에 담고 이후 3의 배수를 지워주는 식으로 마지막 숫자까지 반복하면 된다. 이 설명을 코드로 나타내면 다음과 같다.

```
for i in range(2, n+1) :
    if a[i] == True :
        for j in range(2*i, n+1, i): #자기 숫자만큼 건너뛰기 => 배수
            a[j]=False                #배수 지우기
```

이 내용을 실습으로 확인하기 위해 다음 프로그램을 실행시킨다.

[Prog 6.7] 에라토스테네스의 체 프로그램

```
n=60
a=[True]*(n+1)
a[0]=False
a[1]= False


for i in range(2, n+1) :
    if a[i] == True :
        for j in range(2*i, n+1, i):
                                #자기 숫자만큼 건너뛰기 => 배수
            a[j]=False          #배수 지우기
for i in range(n+1): #소수 프린트 하기
    if a[i]==True:
        print(i, end= ", " )
```

실행 결과

```
2, 3, 5, 7, 11, 13, 17, 19, 23, 29, 31, 37, 41, 43, 47, 53, 59,
```

프로그램의 문제풀이는 정답이 하나만 있는 것은 아니다. 모든 프로그램이 코딩 학습에 도움을 줄 수 있으므로 부단히 노력하여야 한다. 더욱이 코딩 교육의 학습목표 중 하나가 바로 생각하는 힘을 기르는 것이다. 따라서 프로그램 문제풀이에 대해 많이 생각해 보기 바란다.

지금까지 소수를 구하는 문제를 풀기 위해 리스트를 사용하였다. 파이썬에서 수학 문제를 다룰 경우에는 numpy라는 파이썬 모듈을 사용한다. numpy는 파이썬에서 과학계산을 할 때 자주 사용하는 모듈이므로 본 교재에서는 기본 리스트보다는 numpy에서 제공되는 array를 사용할 것이다. numpy에 대한 자세한 내용은 부록 D를 참고하기 바란다. 일반 리스트로 사용된 [Prog 6.7]을 numpy의 array를 사용해서 다시 프로그램을 작성하면 다음과 같다.

[Prog 6.8] 에라토스테네스의 체 프로그램 (numpy 사용)

```
import numpy as np


n=60
a=np.full(n+1,True)    #a=[True]*(n+1)


a[0]=False
a[1]= False


for i in range(2, n+1) :
    if a[i] == True :
        for j in range(2*i, n+1, i):
                                    #자기 숫자만큼 건너뛰기 => 배수
            a[j]=False              #배수 지우기
for i in range(n+1): #소수 프린트 하기
    if a[i]==True:
        print(i, end= ", " )
```

실행 결과

```
2, 3, 5, 7, 11, 13, 17, 19, 23, 29, 31, 37, 41, 43, 47, 53, 59,
```

numpy array는 일반 리스트와 거의 유사하여 쉽게 익숙해질 것이다. 이상으로 코딩 문제 [문제 6.1.1]을 마친다.

> **[문제 6.1.2]**
>
> 임의의 주어진 자연수를 소인수 분해하시오.

예를 들어 18이라는 수가 주어졌을 때, 1x18 = 18, 2x9 = 18, 3x6 = 18임을 알 수 있다. 이때 18의 약수는 1, 2, 3, 6, 9, 18이다. 즉, 어떤 정수를 나누어떨어지게 하는 0이 아닌 정수를 약수라고 한다. 1은 모든 수의 약수이고, 어떤 수는 자기 자신의 약수이다. 또한 어떤 정수도 0으로 나눌 수 없다. 따라서 0은 어떤 수의 약수도 아니다.

18의 약수 1, 2, 3, 6, 9, 18을 18의 인수라고도 한다. 이 인수 중에 소수인 수를 소인수라고 한다. 즉, 18인 인수 중에 2와 3이 소인수이다. 1보다 큰 자연수는 소인수만의 곱으로 나타낼 수 있다.

위의 예에서 18을 소인수 분해하면 18 = 2x3x3으로 표현할 수 있으며, 이렇게 소인수만의 곱으로 나타낸 것을 '소인수 분해'한다고 한다. 어떤 자연수를 소인수 분해한 결과는 곱의 순서를 생각하지 않는다면 오직 한 가지뿐이다.

소인수 분해를 손으로 한다면, 먼저 소인수 분해하려는 수보다 작은 소수들을 준비한다. 앞에서 60보다 작은 소수 구하기 문제를 그대로 적용하면 된다.

이제 소수 중에 제일 작은 수인 2로 나눈다. 나누어떨어지면 그 몫을 다시 2로 나눈다. 이렇게 2로 몇 번 나누어떨어지는지 알기 위해 반복해서 나눠준다. 예를 들어 8을 소인수 분해하기 위해 다음과 같이 2로 나눠보자.

```
2 | 8    → 2로 나누어떨어진다.
  ----
2 | 4    → 8을 2로 나눈 몫 4를 다시 2로 나눈다.
  ----
2 | 2
  ----
    1

        8 = 2 x 2 x 2
```

[그림 6.2] 8의 소인수 분해

소인수 분해하고자 하는 수 8이 제일 작은 소수 2로 나누어떨어지는가? 그렇다. 그러면 2가 소인수가 된다. 이것을 다음과 같이 code로 나타내보자.

```
import numpy as np
n=8
prime_number=2
prime_factor=np.empty(0, dtype = 'uint' )

if (n % prime_number) == 0 :
    prime_factor = np.append(prime_factor, prime_number)
```

다시 그 몫에 대해 또 2로 나누어떨어지는가? 그렇다. 그러면 이제 2가 또다시 2번째 소인수가 된다. 어떤 소수로 나누어서 몫이 1이 될 때까지 이 과정을 반복하면서 그 몫을 나누어떨어지게 하는 소수를 찾아가면 소인수 분해를 할 수 있다. 1보다 큰 임의의 자연수에 대해 몇 번을 반복해야 할지 알 수 없기 때문에 for문보다는 while문을 사용한다. 다음 프로그램을 실습해보자(numpy 사용법은 부록 D를 참고한다).

[Prog 6.9] 8을 2로 나누기(8 소인수 분해)

```
import numpy as np
n=8
prime_number=2
prime_factor=np.empty(0, dtype = 'uint' )
while n >1 :
    if (n % prime_number) == 0 :
        prime_factor = np.append(prime_factor, prime_number)
        n=n//prime_number
print(prime_factor)
```

프로그램 첫째 줄은 numpy를 사용한다고 컴퓨터에게 알려 주는 것이고, 둘째 줄은 우리가 소인수 분해할 수 n값이 8이라는 뜻이다. 소인수를 분해하기 위해 그 n=8을 제일 작은 소수 2부터 나눠 보려고 셋째 줄에 prime_number=2를 해주었다. 네 번째 줄은 나눠지는 소수를 담아 소인수 분해 결과를 얻기 위해서 빈 그릇 세트를 준비한 것이다. 이때 결과가 몇 개인지 모르므로 일단 빈 그릇 세트(0개)를 만들고 그릇 세트에 그릇을 하나씩 추가해 나간다. 그 다음 다섯째 줄은 몫이 1보다 크면 계속 반복해서 나누기 위해 반복문을 사용하였다. 몇 번 반복해야 할지 모르기 때문에 for문이 아니라 while문을 사용하였다. 그 다음 줄은 소수로 나누어 보아서 나누어떨어지면 그 소수는 1보다 큰 자연수 n의 소인수이므로 준비해 놓았던 빈 그릇 세트에 추가해서 소인수 멤버에 등록시킨다. 동시에 소인수로 나누어떨어진 상황이므로 그 다음 수 n을 몫으로 줄여서 변경시켜 준다. 이 과정은 그림 6.2를 참고한다.

이 프로그램의 실행 결과는 다음과 같다.

실행 결과
[2 2 2]

위 예제 n=8인 경우는 다행히 소수 2로 전부 나누어떨어졌기에 가능했지만 만일 n=30이라면 어떤 일이 벌어질까? n이 줄어들지 않기 때문에 무한 반복되고 만다. 따라서 그런 경우에 대한 대비를 해야 한다. 그래서 다음과 같이 변경할 필요가 있다.

```
while n >1 :
    if (n % prime_number) == 0 :
        prime_factor = np.append(prime_factor,prime_number)
        n=n//prime_number
    else :
   #나누어떨어지지 않을 경우 무한 루프에 빠지지 않도록 처리
```

이럴 경우에는 어떻게 하면 될까? 예를 들어 100번 count하다가 빠져 나오거나, 준비된 후보로 전부 나눠 보았는데도 나누어떨어지지 않으면 빠져 나와야 한다. 그런데 소인수 분해의 경우는 과거의 훌륭한 수학자들에 의해 다음의 내용이 잘 알려져 있다(앞에서 소인수 분해에 대해 설명하면서 언급했지만 편의를 위해 다시 나타낸다).

'1보다 큰 자연수는 소인수만의 곱으로 나타낼 수 있다'

따라서 소수들을 준비해서 작은 소수부터 차례로 나눠나가면 결국 몫이 1이고 나머지가 0인 상황을 만들 수 있다는 것이다.

30을 소인수 분해하기 위해 30보다 작은 소수는 다음과 같다. 더 작은 소수들만으로도 되지만 여기서는 문제를 단순화하기 위해 소인수 분해를 하고자 하는 수보다 작은 모든 소수를 고려한다.

```
prime_number=np.array([2, 3, 5, 7, 11, 13, 17, 19, 23, 29])
```

'1보다 큰 자연수는 소인수만의 곱으로 나타낼 수 있다.'는 말은 n을 2로 나누어 보아서 나누어떨어지지 않으면 3으로 나누어 보고 이런 식으로 쭉 나누어 보면 이 소수들에 의해 반드시 나누어떨어진다는 뜻이다. 결국 코드를 다음과 같이 해주면 무한 반복되지 않는다는 것을 보장 받을 수 있다.

```
prime_number=np.array([2, 3, 5, 7, 11, 13, 17, 19, 23, 29])
i=0
while n >1 :
    if (n % prime_number[i]) == 0 :
        prime_factor = np.append(prime_factor,prime_number[i])
        n=n//prime_number[i]
    else :
        i=i+1  #나누는 수를 그 다음 소수로 변경한다.
```

n=30인 경우 소인수 분해하는 다음 프로그램을 실습해 보자.

[Prog 6.10] 30의 소인수 분해

```
import numpy as np
n=30
prime_number=np.array([2, 3, 5, 7, 11, 13, 17, 19, 23, 29])
prime_factor=np.empty(0, dtype = 'uint' )
i=0
while n >1 :
    if (n % prime_number[i]) == 0 :
        prime_factor = np.append(prime_factor,prime_number[i])
        n=n//prime_number[i]
    else :
        i=i+1  #나누는 수를 그 다음 소수로 변경한다.
print(prime_factor)
```

실행 결과

```
[2 3 5]
```

이제 정리해 보면, 소인수 분해를 코딩하려면 소수들을 준비해서 제일 작은 소수부터 차례로 나누면서 몫이 1이 될 때까지 이 과정을 반복하여 그 몫을 나누어떨어지게 하는 소수를 찾아가면 소인수 분해를 할 수 있다.

위의 프로그램에 소수 구하는 함수를 포함시켜서 임의의 숫자를 소인수하는 프로그램은 다음과 같다. 각자 실습해 보고 프로그램을 잘 분석해 주기 바란다.

[Prog 6.11] 1,260의 소인수 분해

```
import numpy as np
def prime_number(n):
    a=np.full(n+1, True); #a=[True]*(n+1);
    a[0]=False; a[1]= False
    result=np.empty(0, dtype= 'uint' )

    for i in range(2, n+1) :
        if a[i] == True :
            result = np.append(result,i)
            for j in range(2*i, n+1, i):
                                    #자기 숫자만큼 건너뛰기 => 배수
                a[j]=False                  #배수 지우기
    return result

n=1260
prime_number=prime_number(n)
prime_factor=np.empty(0, dtype = 'uint' )
i=0
while n >1 :
    if (n % prime_number[i]) == 0 :
        prime_factor = np.append(prime_factor,prime_number[i])
        n=n//prime_number[i]
    else :
        i=i+1  #나누는 수를 그 다음 소수로 변경한다.
print(prime_factor)
```

실행 결과

```
[2 2 3 3 5 7]
```

[문제 6.1.3]

임의의 2개의 자연수에 대한 최대공약수를 구하시오.

어떤 자연수의 약수는 자기보다 작은 수로 나누어 보아서 나누어떨어지는 수를 찾으면 된다. 어떤 수의 약수를 구하는 다음 코드를 생각해 보자.

```
import numpy as np


n=8
divisor=np.empty(0, dtype='uint')


for i in range(1,n+1):
    if (n % i) == 0 :
        divisor=np.append(divisor, i)


print(divisor)
```

1과 자기 자신을 포함해서 작은 수들을 전부 나누어 보아서 나누어떨어지면 약수이다. 이해하기 쉬울 것이다. 이제 두 개의 수로 확장해 보자. 공통된 약수는 두 개의 수 중에서 작은 수의 약수들 중에서 큰 수의 약수도 되는지 보면 된다. 2개의 수의 약수를 구하는 것은 위의 코드를 다음과 같이 변경할 수 있다. 두 개의 수 중에서 작은 수 범위로 나눠주면서 공통으로 둘 다 나누어떨어지는 수가 공통된 약수, 즉 공약수이다.

```
import numpy as np
n1=8; n2=12
if n1<n2:
    n=n1
else:
    n=n2

common_divisor=np.empty(0, dtype='uint')
for i in range(1,n+1):
    if ((n1 % i) == 0) and ((n2 % i) == 0) :
        common_divisor=np.append(common_divisor, i)

print(common_divisor)
```

이 공약수들 중에 제일 큰 수가 최대공약수이다. 이때 8과 12의 최대공약수는 4이다. 어떤 배열이 주어질 때 최댓값은 그 배열 이름에 점을 찍고 max()라는 메소드를 사용하면 된다. 임의의 두 자연수에 대한 최대공약수를 구하는 프로그램은 다음과 같다.

[Prog 6.12] 두 자연수의 최대공약수 구하기 1

```
import numpy as np
n1=8; n2=12; n=n1 if n1<n2 else n2

common_divisor=np.empty(0, dtype='uint')
for i in range(1,n+1):
    if ((n1 % i) == 0) and ((n2 % i) == 0) :
        common_divisor=np.append(common_divisor, i)
gcd=common_divisor.max()
print(gcd)
```

실행 결과

```
4
```

위의 예제는 일단 공약수를 전부 구하고 그 중에 제일 큰 수를 구하는 방법이다. 그런데 만약 공약수의 범위 내에서 큰 수부터 나눠 보면서 둘 다 나누어떨어지는 수를 구하면 그 값이 최대공약수이므로 이후에는 더 이상 해볼 필요 없이 반복문을 바로 빠져 나오면 된다. 반복문을 바로 빠져 나오는 파이썬 명령어는 다음과 같다.

반복문을 무조건 빠져 나오는 명령어 : break

위의 설명을 바탕으로 큰 수부터 나눠보면서 최대공약수를 찾는 프로그램은 다음과 같다.

[Prog 6.13] 두 자연수의 최대공약수 구하기 2

```
import numpy as np
n1=8; n2=12; n=n1 if n1<n2 else n2

for i in range(n+1, 1, -1):
    if ((n1 % i) == 0) and ((n2 % i) == 0) :
        gcd=i
        break

print(gcd)
```

실행 결과

```
4
```

최대공약수를 찾는 또다른 방법으로 유클리드 호제법이라는 것이 있다. 유클리드 호제법은 두 수 n1, n2에 대해 n2를 n1으로 나눈 몫을 q라 하고 나머지를 r이라 할 때, 다음 관계가 성립한다.

n1과 n2의 최대공약수 = n1과 r의 최대 공약수

n1=8이고 n2=12인 경우의 예를 들어보자. 8을 12로 나누면 몫이 0이고 나머지가 8이다. 이 경우는 12와 8의 최대 공약수를 구하는 똑같은 문제가 된다. 반대로 12를 8로 나눠보자. 몫이 1이고 나머지가 4이다. 따라서 12와 8의 최대 공약수를 구하는 문제는 8과 4의 최대공약수

를 구하는 문제와 같다. 이것을 다시 새로운 n1과 n2로 만들면 8은 4로 나누어떨어진다. 이 경우 4가 최대공약수이다.

지금까지의 과정을 프로그램으로 작성하면 다음과 같다.

[Prog 6.14] 두 자연수의 최대공약수 구하기 3(유클리드 호제법)

```
import numpy as np
n1=8; n2=12;
if n1>n2 : #만일 n1값이 더 크면 n1과 n2를 교환한다.
    n1, n2 = n2, n1

while n1 !=0 : #n1이 0이되면 반복을 멈춘다.(0이 아니면 반복)
    r = n2 % n1    # [참고] 이 3줄을 다음과 같이
    n2 = n1        # 한줄로 표현할 수 있다.
    n1 = r         # n1, n2 = n2 % n1, n1

gcd=n2
print(gcd)
```

실행 결과

```
4
```

만일 최대공약수가 1이 나오면 그 두 수는 '서로소'라고 한다. 참고로 numpy에서 gcd() 함수를 제공해 준다. 다음과 같이 사용한다.

```
print(np.gcd(57, 95))
```

결과는 19이다. 우리는 어떤 문제가 주어졌을 그 문제를 코딩하는 것을 학습하면서 프로그램 명령어를 익히는 것이 목적이므로 이러한 기능을 구현하는 여러 가지 방법을 실습을 통해 익혀보고 제공되는 같은 기능의 함수는 내가 만든 프로그램과의 비교용으로 참고하기 바란다.

[문제 6.1.4]
임의의 2개의 자연수에 대한 최소공배수를 구하시오.

2의 배수는 2, 4, 6, 8, 10, 12... 등이고, 3의 배수는 3, 6, 9, 12, ... 등이다. 2와 3의 공통된 배수들을 찾아보면 6, 12, ...를 찾을 수 있다. 이때 제일 작은 6이 2와 3의 최소공배수이다. 생각하기 제일 쉬운 방법은 n1과 n2가 주어졌을 때 그 두 수의 곱셈 범위까지 배수를 나열하고 같은 것을 찾는 것이다.

다음 프로그램을 생각해 보자.

[Prog 6.15] 두 자연수의 최소공배수 구하기 1

```
import numpy as np
n1=2; n2=3; n=n1*n2
mn1=np.arange(n1, n+1, n1)
mn2=np.arange(n2, n+1, n2)
for i in mn1:
    if i in mn2:
        lcm=i
        break

print(lcm)
```

실행 결과

```
6
```

24와 36의 최소공배수는 72이다. 위의 프로그램에서 n1값과 n2값을 변경하여 결과를 확인해 주기 바란다. 참고로 "if i in mn2:"라는 문장의 뜻은 만일 i값이 mn2라는 숫자들의 나열 원소들 중에 동일한 것이 있으면 참이 된다는 것이다.

또 다른 방법을 생각해 보자. 앞에서 최대공약수를 구하는 방법을 배웠다. 이 최대공약수를 이용해서 다음과 같이 최소공배수를 구할 수 있다.

최소공배수 = 두 수의 곱 ÷ 최대공약수

이것을 프로그램 코드로 나타내면 다음과 같다.

lcm = int(n1*n2 / gcd)

여기서, int()함수는 소괄호 '() '안의 인자를 정수로 만들어 주는 함수이다. 나누기 연산을 한 결과는 실수이므로 소수점이 나온다. 다만 이 연산 결과는 항상 나누어떨어지기 때문에 결과를 정수형으로 변환시켜 주어야 하는데 이 경우 사용되는 함수가 int()이다.

앞에서 배운 최대공약수 만드는 프로그램을 함수로 만들어서 최소공배수를 구하는 프로그램은 다음과 같다.

[Prog 6.16] 두 자연수의 최소공배수 구하기 2 (최대공약수 이용)

```
import numpy as np
def mygcd(n1, n2):
    if n1>n2 : #만일 n1값이 더 크면 n1과 n2를 교환한다.
        n1, n2 = n2, n1
    while n1 !=0 : #n1이 0이되면 반복을 멈춘다.
        n1, n2 = n2 % n1, n1
    return n2

n1=24; n2=36; gcd=mygcd(n1, n2)
lcm=int(n1*n2/gcd)
print(lcm)
print(np.lcm(n1, n2)) #numpy lcm()메소드 사용 -> 확인용
```

실행 결과

```
72
72
```

참고로 numpy에서 최소공배수를 구하는 기능을 위해 lcm() 함수를 제공해 준다. 다음과 같이 사용한다.

```
print(np.lcm(24, 36))
```

실행 결과에서 72를 확인할 수 있다. 앞에서도 언급했듯이, 어떤 문제가 주어졌을 때 그 문제를 해결하는 방법과 생각하는 힘을 기르기 위해 코딩하는 것을 학습하면서 프로그램 명령어를 익히는 것이 본 교재의 목적이므로 이러한 기능을 구현하는 여러 방법들을 실습을 통해 익혀보고, 제공되는 같은 기능의 함수는 본인이 만든 프로그램과의 비교용으로 참고하기 바란다.

6.2 1차함수와 그래프

[문제 6.2.1]

일차함수 y=2*x-1의 그래프를 그리시오.

함수란 어떤 집합의 각 원소를 다른 집합의 유일한 원소에 대응시키는 이항 관계다. 두 변수 x, y의 경우, x의 값이 변함에 따라 y의 값이 오직 하나씩 정해지는 대응 관계가 있을 때 y를 x의 함수라고 한다. 일반적인 물리 시스템으로 표현하자면 입력에 대한 출력관계라고 할 수 있겠다. 입력 하나에 출력이 이 값도 되었다가 저 값도 되거나 또는 하나의 입력변수에 2개의 출력변수가 대응되면 함수라고 할 수 없다. 함수는 일반적인 형태로 y=f(x)로 표현한다. 함수 y=f(x)가 다음과 같을 때, 즉 y가 x에 대한 1차식으로 나타날 때 이 함수를 x에 대한 1차함수라고 한다.

$$y=a*x + b$$

여기서, a와 b는 수이고, a≠0이다. 이때, b를 y절편이라고 하고 a를 기울기라고 부른다. 예를 들어 y=2*x-1은 a=2이고 b=-1인 경우의 1차함수이다. x를 입력값이라고 생각해서, x=-1이면 출력 y=-3이 나오고, x=0이면 y=-1, x=1이면 y=1, x=2이면 y=3이 된다. 이러한 경우를 프로그램 코드로 나타내 보자.

```
x=[-1, 0, 1, 2]
y=[]
for i in x:
    y.append(2*i-1)
print(y)
```

위의 코드에서 볼 수 있듯이 원칙적으로는 for문으로 x의 각 원소에 대해 일일이 y에 대응시켜 주어야 한다. 그렇다면 이를 조금 더 편하게 해볼 수는 없을까? 예를 들어 y=2*x-1을 그대로 사용해 보면 어떤 일이 생길까?

다음 코드를 생각해 보자.

```
x=[-1, 0, 1, 2]
y=2*x-1
print(y)
```

오류가 난다. numpy의 array로 변경해서 다음 프로그램 코드를 검토해 보자.

```
import numpy as np

x=np.arange(-1, 2+1)
y=2*x-1
print(y)
```

원하는 결과를 얻을 수 있다. 이 부분이 우리가 교재에서 numpy를 배우는 또 다른 이유이다.

이제 이 1차함수를 그래프로 나타내기 위해 화면에 대응되는 점을 표시해 보자. 다시 말해서 수평축이 x이고 수직축이 y인 2차원 평면에 (x, y)에 대응되는 점(위의 예제에서는 (-1, -3), (0,-1), (1, 1), (2, 3))을 그려보면 다음과 같다.

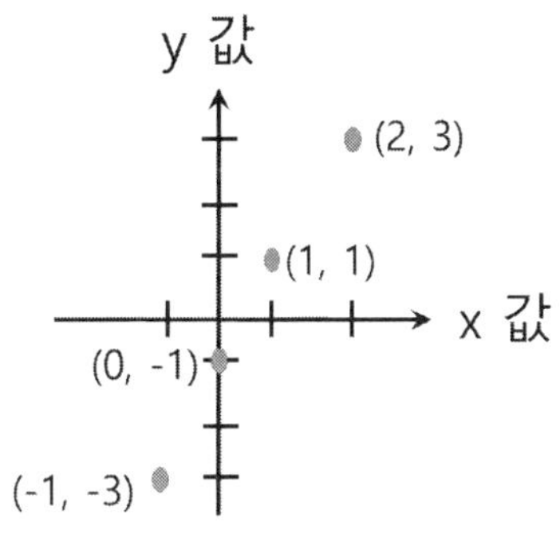

[그림 6.2] 1차함수 (x,y) 대응 점

이 그림을 프로그램으로 나타내는 방법을 알아보자. 파이썬에서 그래프를 사용하기 위해서는 matplotlib라는 라이브러리를 사용한다. matplotlib의 자세한 내용은 부록 E를 참고하기 바란다. 이것도 일종의 패턴이므로 다음 형식을 잘 알아두기 바란다.

그래프 그리기 형식

```
import matplotlib.pyplot as plt
x = x축 데이터, y = y축 데이터

plt.plot(x,y)

plt.show()
```

만일 그림 6.3과 같이 대응하는 위치에 점을 찍고 싶은 경우에는 다음과 같이 옵션을 추가해 주면 된다.

plot(x, y, linestyle='none', marker='x')

경우에 따라 x축의 범위와 y축의 범위를 수동으로 변경해 주고 싶을 경우에 xlim()과, ylim() 이라는 메소드를 사용하여 범위를 수동으로 변경해 줄 수 있다. 또 한 가지 xticks()와 yticks()라는 메소드가 있는데, 이는 축의 간격을 수동으로 설정해 주는 메소드이다. 점을 찍는 메소드로 scatter()도 있다. 참고하기 바란다.

이제 위의 그림 6.3과 같은 그래프를 컴퓨터가 표시하는 프로그램은 다음과 같다.

[Prog 6.17] 일차함수 대응점 표시하기

```
import numpy as np
import matplotlib.pyplot as plt


x=np.arange(-1, 2+1)
y=2*x-1


plt.plot(x, y, linestyle= 'none' , marker= 'x' )
plt.show()
```

실행 결과

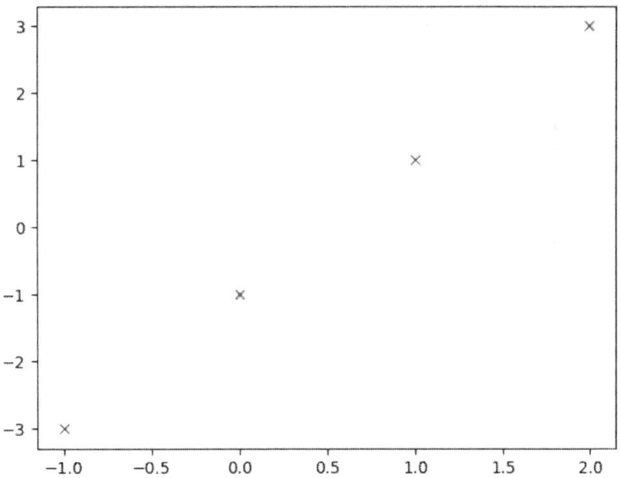

다음 프로그램을 실습하면서 좀 더 많은 데이터를 촘촘하게 만들어 보자. x축과 y축의 범위와 간격도 조정하였다. 실행 결과를 자세히 보면서 프로그램이 어떻게 동작하는지 잘 살펴보기 바란다.

[Prog 6.18] 일차함수 대응점 표시하기(x 좌표 0.1간격)

```
import numpy as np
import matplotlib.pyplot as plt

x=np.arange(-1, 2+1, 0.1)
y=2*x-1

plt.xlim(-2, 2); plt.xticks(np.arange(-2, 2, 0.2))
plt.ylim(-3, 3); plt.yticks(np.arange(-3, 3, 0.2))
plt.plot(x, y, linestyle='none', marker='x')
plt.show()
```

실행 결과

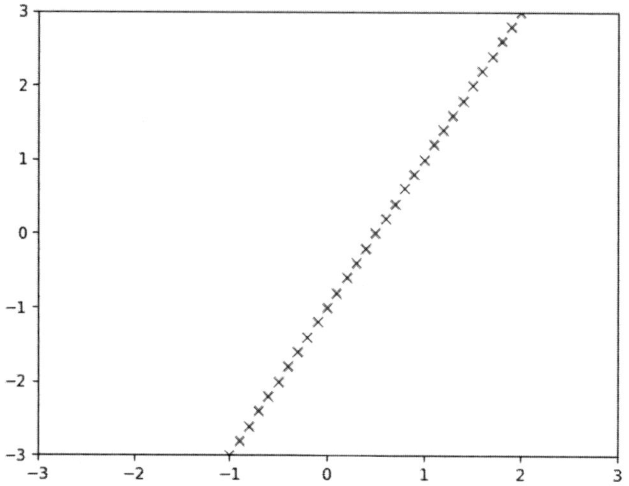

[문제 6.2.2]

해수면에서의 수압은 1기압이고, 물속에서의 수압은 10 [m] 내려갈 때마다 1기압씩 일정하게 증가한다고 한다. 해저 깊이에 따른 수압을 그래프로 나타내시오.

해저 깊이를 x [m], 그 지점에서의 수압을 y기압이라고 하자. x=0일 때 y=1이고, x=10일 때 y=2, x=20일 때 y=3이 된다. 해저깊이 x에 따라 수압 y가 일정한 비율로 증가한다는 것은 y가 x에 대한 1차식이라는 것을 의미한다. 1차식 y=a*x+b에서 x=0일 때 y=b이고 문제에서 y=1이라고 했으므로 b=1이다. 이제 y=a*x+1에 x=10, y=2를 대입하면, 2=a*10+1이 된다. 이 식을 정리하면 a*10 = 1 에서 a=(1/10)이 된다. 즉, 위의 문제는 다음과 같은 1차식으로 표현할 수 있다.

$$y = \frac{1}{10} \times x + 1$$

이 식이 x=20일 때 y=3도 맞는지 확인해 보자. y=(1/10)*20+1=3이 된다는 것을 확인할 수 있다.

위에서 얻은 데이터를 이용해서 그래프로 나타내는 프로그램은 다음과 같다.

[Prog 6.19] 일차함수 그래프

```
import numpy as np
import matplotlib.pyplot as plt


x=[0, 10, 20]
y=[1,  2,  3]


plt.plot(x, y)
plt.show()
```

위 프로그램의 x와 y 부분은 다음과 같이 할 수 있다.

```
x = np.arange(0,20+1,10)   # 0, 10, 20
y = y = (1/10)*x +1          # 1, 2, 3  or  np.arange(1,3+1)
```

실행 결과

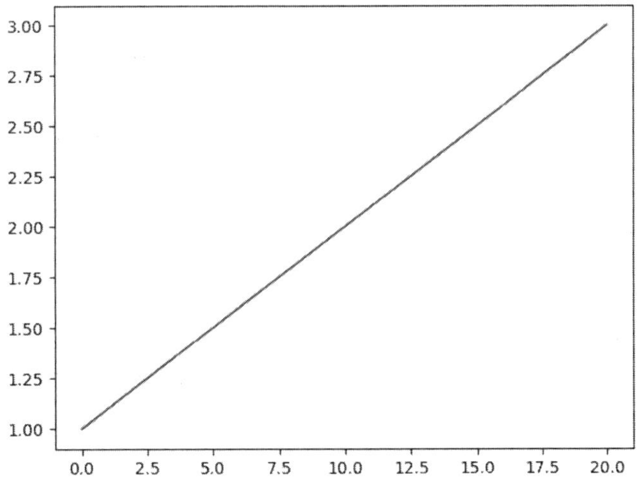

6.3 통계

[문제 6.3.1]

다음은 헌혈의 집에서 하루 동안 헌혈한 사람 9명의 나이를 조사한 자료이다. 헌혈한 사람들의 나이의 평균값과 중앙값을 구하시오.

(단위 : 세)

58	22	26	24	23	26	20	23	21

어떤 자료의 평균을 구하는 공식은 다음과 같다.

$$\text{평균} = \frac{\text{자료전체합}}{\text{자료개수}}$$

이제 이 문제를 프로그램으로 작성하기 위해 다음 사항을 고려해 보자. 어떤 자료를 numpy array에 넣으려면 다음과 같이 해주면 된다.

```
age_data=np.array([58, 22, 26, 24, 23, 26, 20, 23, 21])
```

그 다음에 이 자료의 개수는 다음과 같이 len()이라는 함수를 통해서 알아낼 수 있다.

```
n_data = len(age_data)
```

자료의 전체 합을 알아내는 함수로 sum()이라는 함수가 있으나 코딩 학습을 위해 직접 구현해 보자. 먼저, 4장에서 배웠던 변수값 증가시키기를 다시 한번 복습하기 위해 4장 내용을 나타내면 다음과 같다.

반복문과 함께 사용되면서 코딩에서 자주 등장하는 패턴이 하나 있는데 다음과 같은 문장이다.

변수값 증가시키기
s = s + i

위의 코드를 보면 이전에 s라는 이름의 그릇에 있는 요리 재료를 도마 위에 올려놓고 i라는 이름의 그릇에 있는 요리 재료를 요리해서(더하기) 그 결과를 새롭게 다시 현재의 s라는 이름의 그릇에 담으라는 뜻이다. 즉, 이전 값에 i만큼 증가시키라는 의미가 된다. 이것을 반복문과 함께 사용하면 계속 누적 더하기가 된다.

s=s+i라는 명령어를 이용하여 4장에서 배웠던 1부터 n까지의 합을 구하는 프로그램을 살펴보면 다음과 같다. 편의를 위해 다시 나타내면 다음과 같다.

for문으로 1부터 n까지 더하기

```
n=100
s=0
for i in range(1,n+1) :
    s=s+i
print(s)
```

이 프로그램에서 숫자들의 나열인 range(1, n+1) 대신에 다음과 같이 age_data로 바꿔 주기만 하면 된다. 프로그램 가독성, 기능성, 재사용성 등을 위해 다음과 같이 data_add()라는 함수로 만들어 준다.

자료 전체 더하기

```
def data_add(age_data):
    s=0
    for i in age_data :
        s=s+i
    return s
```

이로써 문제를 풀기 위한 준비가 다 되었다. 다음 프로그램을 실습하자.

[Prog 6.20] 평균 구하기

```
import numpy as np

    def data_add(age_data):
        s=0
        for i in age_data :
            s=s+i
        return s

age_data=np.array([58, 22, 26, 24, 23, 26, 20, 23, 21])
n_data = len(age_data)
age_sum = data_add(age_data)

age_mean = age_sum/n_data
print(age_mean)
print(age_data.mean()) #파이썬 제공 함수, 확인용
```

실행 결과

```
27.0
27.0
```

이제 중앙값에 대해서 알아보자. 위의 예제에서 9명 중에 8명은 20대이고 1명만 50대 후반이다. 그것도 6명이 20대 초반이다. 이렇듯 자료의 값 중에서 매우 크거나 매우 작은 값이 있는 경우에는 이 자료 전체의 중심 경향을 잘 나타낸다고 할 수 없으므로 평균 이외의 다른 대푯값이 필요하다.

자료를 작은 값부터 크기순으로 나열할 때, 자료의 중앙에 위치한 값을 그 자료의 중앙값이라고 한다. 만일 자료의 개수가 짝수 개이면 크기순으로 정렬된 자료의 중앙에 위치한 2개의 자료를 평균 낸다.

자료를 정렬하기 위해서는 sort()라는 메소드를 다음과 같이 사용한다.

```
age_sorted = np.sort(age_data)
```

위와 같이 자료의 개수가 9개인 경우 0번 색인부터 8번까지 있고 5번째인 4번 색인이 가운데 위치이므로 홀수 개인 경우는 중앙위치(색인) = (개수 -1)/2를 해주면 된다.

만일 자료의 개수가 짝수 개인 10개라면 색인은 0번부터 9번까지 있고 색인 4와 5가 가운데 위치를 나타내므로 중앙위치1(색인) = 개수/2, 중앙위치2(색인) = 중앙위치1(색인)-1로 해주면 된다.

따라서 우리는 자료의 개수가 n_data라는 것을 알고 있으므로 다음과 같이 코딩할 수 있다.

```
if(n_data<2):
      print( "자료가 적어서 중앙값이 의미가 없습니다." )
elif (n_data%2) ==0 : #짝수인 경우
    mid_loc = int(n_data/2)
    mid_value = (age_sorted[mid_loc] + age_sorted[mid_loc-1])/2
else :
    mid_loc = int((n_data-1)/2)
    mid_value = age_sorted[mid_loc]
```

이제 위의 내용들을 종합해서 중앙값을 계산해 주는 프로그램을 완성하면 다음과 같다.

[Prog 6.21] 중앙값 구하기

```
import numpy as np
age_data=np.array([58, 22, 26, 24, 23, 26, 20, 23, 21])
print( "원래 값 : " , age_data)
age_sorted = np.sort(age_data)
print( "정렬된 값 : " , age_sorted)

n_data = len(age_data)

if(n_data<2):
      print( "자료가 적어서 중앙값이 의미가 없습니다." )
elif (n_data%2) ==0 : #짝수인 경우
     mid_loc = int(n_data/2)
     mid_value
          = (age_sorted[mid_loc] + age_sorted[mid_loc-1])/2
else :
     mid_loc = int((n_data-1)/2)
     mid_value = age_sorted[mid_loc]

print( "중앙값 :  " , mid_value)
```

실행 결과

```
원래 값 :  [58 22 26 24 23 26 20 23 21]
정렬된 값 :  [20 21 22 23 23 24 26 26 58]
중앙값 :   23
```

원래값이 1에서 10까지 10개(짝수 개)의 자료인 경우 중앙값이 5.5가 되는 것을 프로그램을 통해 확인해 주기 바란다. numpy에서 제공되는 median()메소드를 이용해서, 다음과 같은 코드로도 사용할 수 있다.

```
print(np.median(age_sorted))
```

[문제 6.3.2]

다음은 알뜰 나눔 장터에 기증된 티셔츠 10벌의 치수를 조사한 자료이다. 최빈값을 구하시오.

95	90	95	90	95	95	100	100	95	105

최빈값에서 최(最)는 '가장', 빈(頻)은 '자주'라는 뜻이다. 좋아하는 색, 혈액형, 실시간 검색어 등과 같이 자료의 값이 수가 아닌 경우에는 대푯값으로 최빈값을 사용한다. 위의 주어진 자료에서는 95 사이즈가 5개, 90 사이즈가 2개, 100 사이즈가 2개, 105 사이즈가 1개이다. 따라서 제일 자주 등장한 95가 최빈값이 된다.

최빈값을 구하기 위해서 먼저 자료의 빈도 값을 생각해보자. 자료의 값이 수인 경우에, 예를 들어 한 반에서 수학 점수가 90점인 사람이 몇 명인지 또는 학생 수가 가장 많은 점수가 몇 점인지 등을 셀 때도 이러한 코딩 방법이 사용될 수 있겠다. 후술할 부록 C의 딕셔너리 파트에서 주어진 원소들의 값이 몇 개가 있는지 세는 프로그램에 대해 설명되어 있다. 내용은 다음과 같다.

딕셔너리 이용한 원소 값의 개수 세기

```
shirts_size = np.array([95, 90, 95, 90, 95,
                        95, 100, 100, 95, 105])
dic1 = {}
for i in shirts_size:
    if dic1.get(i) == None:
        dic1[i] = 1  # 딕셔너리에key값이 없으면 만들어서1 추가
    else:
        dic1[i] = dic1[i] + 1  # i라는key값이 존재한다는 뜻
                               # 그key에 해당하는value값을1 증가.
```

위 프로그램에서 dic1에 value값이 빈도(원소 값의 개수)를 나타내므로 그 value값 중에서 가장 큰 값을 갖는 value에 해당하는 key가 최빈값이 된다. 주어진 딕셔너리에서 가장 큰 value값을 얻는 방법은 다음과 같이 max()라는 함수를 사용하면 된다.

max_frq = max(dic1.values())

이렇게 얻은 value에 대응하는 key값이 최빈값이 된다. 코드로 구현하려면, 다음과 같이 items()메소드를 이용해서 딕셔너리의 key와 value 쌍을 하나씩 보면서 이 중에 최댓값을 갖는 value가 나타날 때 그에 해당하는 key값을 최빈값으로 해주면 된다.

```
mode = np.empty(0, dtype='uint')
for key, value in dic1.items():
if value == max_frq:
    mode = np.append(mode, key)
```

위 내용을 종합해서 최빈값을 찾는 프로그램을 작성하면 다음과 같다.

[Prog 6.22] 딕셔너리를 이용해서 최빈값 찾기

```
import numpy as np
shirts_size = np.array([95, 90, 95, 90, 95,
                        95, 100, 100, 95, 105])
dic1 = {}
for i in shirts_size:
    if dic1.get(i) == None:
        dic1[i] = 1  # 딕셔너리에key값이 없으면 만들어서1 추가
    else:
        dic1[i] = dic1[i] + 1  # i라는key값이 존재한다는 뜻
                               # 그key에 해당하는value값을1 증가.
max_frq = max(dic1.values())

mode = np.empty(0, dtype='uint')
for key, value in dic1.items():
if value == max_frq:
    mode = np.append(mode, key)

print(mode)
```

실행 결과

```
[95]
```

최빈값을 찾는 또 다른 방법을 고민해 보자. [Prog 6.8] 에라토스테네스의 체 프로그램에서 사용했던 방법과 비슷하게 주어진 배열에 대해 다음과 같이 그에 상응하는 색인에 True를 갖는 새로운 배열을 만든다.

0	1	2	3	4	5	6	7	8	9
95	90	95	90	95	95	100	100	95	105
True	True	True	True	True	True	True	True	True	True

이제 첫 번째 원소인 95와 같은 색인을 찾아본다. 조건이 같은 색인을 찾는 명령어는 다음과 같다.

```
loc = np.where(shirts_size == i)
```

여기서, i는 찾고자 하는 값이다. i = 95일 때, 위 명령을 실행해 보면 다음과 같은 결과를 얻는다.

```
(array([0, 2, 4, 5, 8], dtype=int64),)
```

참고로 where로 얻어진 loc은 2개의 쌍으로 이루어진 튜플이다. 이 중 첫 번째 내용인 [0, 2, 4, 5, 8]만 필요하므로 loc[0]를 사용하면 된다.

이제 이 원소의 개수를 세어(5개) 95와 함께 저장해 두고, 색인 값에 해당하는 위치의 내용을 다음과 같이 False로 만든다.

0	1	2	3	4	5	6	7	8	9
95	90	95	90	95	95	100	100	95	105
False	True	False	True	False	False	True	True	False	True

그 다음으로 오는 원소인 90이 True이므로 위의 과정을 반복한다. 즉, i = 90에 대해 loc = np.where(shirts_size == i) 명령을 수행하면 다음과 같다.

(array([1, 3], dtype=int64),)

이것도 마찬가지로, 이 원소의 개수(2개)와 90을 저장하고 색인 1, 3 위치를 False로 만들어 준다. 결과는 다음과 같다.

0	1	2	3	4	5	6	7	8	9
95	90	95	90	95	95	100	100	95	105
False	False	False	False	False	False	True	True	False	True

지금까지의 과정을 프로그램 코드로 나타내 보면 다음과 같다.

```
import numpy as np
shirts_size = np.array([95, 90, 95, 90, 95,
                              95, 100, 100, 95, 105])
n=len(shirts_size)
a=np.full(n,True)
v_frq=np.empty(0, dtype ='uint')
n_frq=np.empty(0, dtype ='uint')
for i in range(n):
    if a[i] == True:
        loc = np.where(shirts_size == shirts_size[i])
        v_frq=np.append(v_frq, shirts_size[i])
        n_frq=np.append(n_frq, len(loc[0]))
        a[loc[0]]=False
print(v_frq)
print(n_frq)
```

이 중에서 n_frq의 원소들 중에 최댓값을 나타내는 인덱스에 해당하는 v_frq가 최빈값이다. 원소 중에 최댓값에 해당하는 색인을 만들어 주는 메소드는 argmax()이다. 결국 다음과 같은 코드를 사용하면 최빈값을 쉽게 얻을 수 있다.

mode = v_frq[np.argmax(n_frq)]

위 내용을 종합해서, numpy의 where()와 argmax()를 이용해서 최빈값을 찾는 프로그램을 작성하면 다음과 같다.

[Prog 6.23] numpy의 where()와 argmax()를 이용해서 최빈값을 찾는 프로그램

```
import numpy as np
shirts_size = np.array([95, 90, 95, 90, 95,
                        95, 100, 100, 95, 105])
n=len(shirts_size)
a=np.full(n,True)
v_frq=np.empty(0, dtype ='uint')
n_frq=np.empty(0, dtype ='uint')
for i in range(n):
    if a[i] == True:
        loc = np.where(shirts_size == shirts_size[i])
        v_frq=np.append(v_frq, shirts_size[i])
        n_frq=np.append(n_frq, len(loc[0]))
        a[loc[0]]=False

mode = v_frq[np.argmax(n_frq)]
print(mode)
print(np.mode(shirts_size))
```

실행 결과

```
95
```

이외에도 numpy의 bincount() 메소드를 이용하여 최빈값을 구할 수도 있다. 이 방법은 각자 자료를 찾아서 문제를 해결해 보기 바란다.

[문제 6.3.3]

다음은 철수네 반 학생들의 수학 점수이다. 분산을 구하시오.

92	90	80	90	77	95	100	97	80	87
78	83	93	85	95	75	88	87	98	82

각각의 학생들의 점수가 평균에서 얼마나 떨어져 있는지를 알아보고 싶은 경우가 많다. 또 내 점수가 반 평균보다 얼마나 높은지 또는 얼마나 모자라는지 등이 궁금할 것이다. 이렇듯 각 자료의 값에서 평균을 뺀 값을 편차라고 한다. 편차를 구하는 방법은 다음과 같다.

$$편차 = 자료값 - 평균값$$

위 자료의 평균값은 87.6이다. 위의 식을 이용하여 각 자료의 편차를 구하면 다음과 같다.

4.4	2.4	−7.6	2.4	−10.6	7.4	12.4	9.4	−7.6	−0.6
−9.6	−4.6	5.4	−2.6	7.4	−12.6	0.4	−0.6	10.4	−5.6

이를 프로그램 코딩으로 나타내면 다음과 같다.

[Prog 6.24] 편차 구하기

```
m_score = np.array([[92, 90, 80, 90, 77, 95, 100, 97, 80, 87],
                    [78, 83, 93, 85, 95, 75, 88, 87, 98, 82]])

deviation = m_score - m_score.mean()

print(deviation)
```

실행 결과

```
[[  4.4   2.4  -7.6   2.4 -10.6   7.4  12.4   9.4  -7.6  -0.6]
 [ -9.6  -4.6   5.4  -2.6   7.4 -12.6   0.4  -0.6  10.4  -5.6]]
```

평균이 87.6점이라도 극단적으로 10명은 100점이고, 10명은 75.2점인 경우가 있을 수 있는데, 이 경우는 자료값들이 평균에서 멀리 떨어진 경우이다. 또 20명 전체가 87.6점인 경우도 있을 수 있는데, 이 경우는 자료값들이 평균에 아주 가깝게 모여 있는 경우이다. 이렇듯 반 전체 자료들이 평균에서 얼마나 떨어졌는지를 하나의 값으로 나타내고 싶어서 편차 값을 다 더해 보았는데 모든 경우의 편차의 합은 전부 0이다. 이는 양의 부호와 음의 부호가 상쇄되기 때문이다.

편차 값을 제곱을 해주면 음의 부호가 양의 부호가 되고, 자료 편차들의 값(차이)을 더 키울 수도 있으므로 이 편차들을 제곱해서 그 값의 평균을 내면 자료들이 평균에서 얼마나 떨어졌는지를 하나의 값으로 나타낼 수 있는데 이를 분산(variance)이라고 한다. 분산을 수식으로 나타내면 다음과 같다.

분산 = 편차제곱의 합/자료 개수 = 편차제곱의 평균

위의 수식을 프로그램으로 나타내면 다음과 같다.

[Prog 6.25] 분산 구하기

```
import numpy as np
m_score = np.array([[92, 90, 80, 90, 77, 95, 100, 97, 80, 87],
                    [78, 83, 93, 85, 95, 75, 88, 87, 98, 82]])
dev2 = (m_score-m_score.mean())**2

variance1 = dev2.sum()/m_score.size
print(variance1)

variance2 = dev2.mean()
print(variance2)

print(m_score.var())
```

실행 결과
52.94 52.94 52.94

첫 번째 varance1은 '편차제곱의 합/자료 개수' 식을 이용한 것이고, 두 번째 varance2는 '편차제곱의 평균' 방법을 이용한 것이다. 마지막의 m_score.var()은 numpy의 분산을 구하는 메소드인 var()을 이용한 것이다.

분산의 음이 아닌 제곱근을 '표준편차'라고 한다. 평균값에서 자료들이 전체적으로 얼마나 떨어졌는가를 알기 위해 분산을 사용했는데 그 값들을 제곱했으므로 다시 제곱근을 사용해서 떨어진 정도의 크기를 조정해 준 것이라고 생각하면 된다.

다음 코드를 생각하면 된다.

```
std_deviation = sqrt(variance)
```

여기서, sqrt()는 제곱근을 계산하는 함수이다. 참고로 표준편차를 알아내는 numpy 메소드로 std() 메소드가 있으니 이를 참고하면 된다.

앞에서 설명한 내용을 바탕으로 다음 코드를 검토해 보면 된다.

```
print(sqrt(m_score.var()))
print(m_score.std())
```

표준편차에 대해서는 각자 프로그램을 작성하고 실습해 보기 바란다. 또한 자료 중 10개는 100점, 10개는 75.2점인 경우와, 20개가 전부 87.6점인 경우의 분산과 표준편차 값을 구해서 비교 검토하면 자료 분석에 도움을 줄 수 있을 것이다.

이번 장에서는 파이썬으로 수학 문제 푸는 방법에 관하여 학습하였다. 코딩 문법을 주어진 문제에 실제로 적용해 봄으로써 실전적 코딩 기술을 익힐 수 있다. 수학적 개념이 다소 어렵고 이해가 안 되더라도 지속적으로 반복해서 주어진 프로그램 코드의 많은 실습을 통해 실전적 코딩 기술을 몸에 익히기 바란다.

다음 장에서는 PyGame을 다루어 본다.

학습 점검

◎ 프로그램 실행 결과는 어떠하였는지 적어보시오.

◎ 오류가 발생한 부분이 있었는가? 있었다면 적어보시오.

◎ 발생한 오류를 어떻게 해결하였는지 적어보시오.

7장 PyGame

7.1 PyGame 기본 틀

PyGame은 https://www.pygame.org에 소개되어 있다. 주로 멀티미디어를 다루는 라이브러리를 제공해 준다. pygame.org 내용을 바탕으로 무조건 따라하면서 PyGame 실습을 통해 애니메이션 등과 같은 멀티미디어 다루는 코딩을 학습한다. PyGame 패키지 설치 및 기본 틀에 대한 설명은 부록 F를 참조하기 바란다.

제일 먼저 그래픽 화면 창을 만드는 방법을 알아보자. 다음과 같은 코드로 그래픽 화면 창을 만들 수 있다.

PyGame 기본 틀

```
import pygame
import sys

pygame.init()
s_size = (320, 240)
screen = pygame.display.set_mode(s_size)

while 1:
    for event in pygame.event.get():
        if event.type == pygame.QUIT:
            sys.exit()
    pygame.display.flip()
```

PyGame을 사용할 때 맨 처음에 해 주어야 하는 공식이라고 생각하면 된다.

7.2 화면에 이미지 표시하기

이제 만들어진 창에 그래픽 이미지를 하나 나타내 본다. 그래픽 이미지를 하나 준비하고 (본 교재에서는 그림판에서 간단한 그림을 만들었다. 자세한 내용은 부록 F 참조) 그 이미지파일을 복사한 후 다음과 같이 프로젝트에 붙여넣기 한다(파이참에서 프로젝트 부분에 커서를 위치시키고 마우스 오른쪽 버튼을 눌러서 메뉴창을 나타내면 다음 그림과 같다).

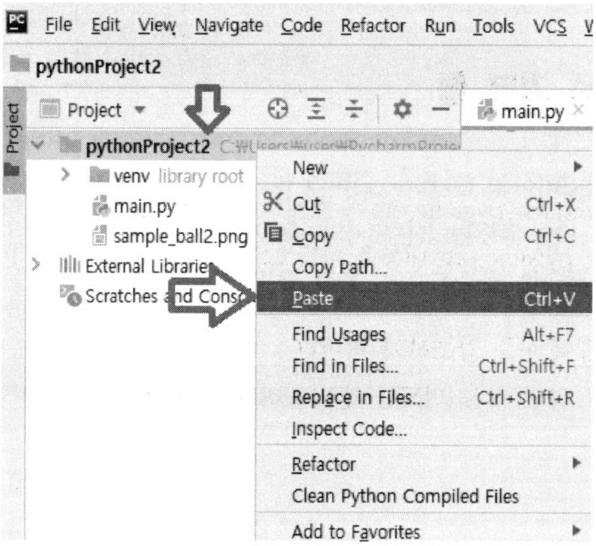

[그림 7.1] 파이참에서 파이썬 프로젝트에 그림파일 붙여넣기

그림 7.1과 같이 해 주면 프로젝트에 그림파일이 추가된 것을 알 수 있다. 본 교재에서 추가시킨 그림파일의 이름은 sample_ball2.png이다. 이렇게 준비된 이미지를 화면에 나타내는 명령어는 다음과 같다.

PyGame 이미지 나타내기
이미지객체 = pygame.image.load("이미지 파일 이름") screen.blit(이미지객체, 표시위치)

예를 들어 이미지객체 이름을 ball이라고 하고, 이미지 파일 이름은 sample_ball2.png이며, (50,50)위치에 표시하려면 다음과 같이 코딩해 주면 된다.

```
ball = pygame.image.load("sample_ball2.png")
screen.blit(ball, (50,50) )
```

지금까지 내용을 정리해서 pygame 기본틀에 화면에 이미지를 나타내는 프로그램을 작성하면 다음과 같다.

[Prog 7.1] 화면에 이미지 나타내기

```
import pygame
import sys

pygame.init()
s_size = (320, 240)
screen = pygame.display.set_mode(s_size)

ball = pygame.image.load("sample_ball2.png")
screen.blit(ball, (50,50))

while 1:
    for event in pygame.event.get():
        if event.type == pygame.QUIT:
            sys.exit()
    pygame.display.flip()
```

실행 결과

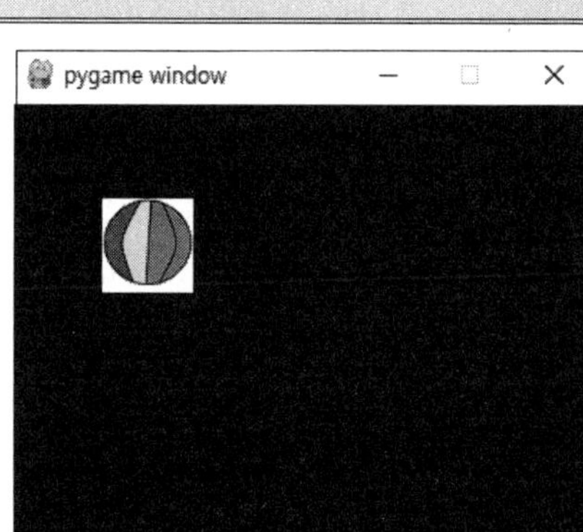

7.3 이미지 이동하기

영상의 이미지를 이동하려면 pygame의 move()라는 메소드를 이용한다. move() 사용은 다음의 형식을 갖는다.

PyGame 이미지 움직이기

```
위치 = 이미지객체.get_rect()
새로운 위치 = 위치.move(x속도, y속도)
```

get_rect()는 이미지를 둘러싼 사각형 영역의 위치(x, y 좌표) 및 이미지 크기(가로, 세로)를 알려주는 기능을 한다. move()는 주어진 속도에 따라 위치를 변경해 준다. 위 형식을 살펴보면서, 이미지를 움직이는 사용법을 익히기 위해 다음 프로그램을 실습해 보자.

[Prog 7.2] 이미지 위치 움직이기

```
import pygame
import sys

pygame.init()
s_size = (320, 240)
screen = pygame.display.set_mode(s_size)

ball = pygame.image.load("sample_ball2.png")

position = ball.get_rect()
print(position)
new_position = position.move([2, 0])
print(new_position)
```

실행 결과

```
pygame 2.0.1 (SDL 2.0.14, Python 3.9.6)
Hello from the pygame community.
        https://www.pygame.org/contribute.html
<rect(0, 0, 50, 50)>
<rect(2, 0, 50, 50)>
```

x의 위치가 변경된 것을 알 수 있다. 이것을 반복적으로 x의 위치가 150이 될 때까지 반복하면서 화면에 나타내는 다음 프로그램을 실습해 보자.

[Prog 7.3] 이미지 위치 목적지까지 움직이기

```
import pygame
import sys

pygame.init()
s_size = (320, 240)
screen = pygame.display.set_mode(s_size)

ball = pygame.image.load("sample_ball2.png")
position = ball.get_rect()

while 1:
    for event in pygame.event.get():
        if event.type == pygame.QUIT:
            sys.exit()

    screen.blit(ball, position)
    position= position.move([2, 0])
    if position.right >=150: position.right=150
    pygame.display.flip()
```

실행 결과

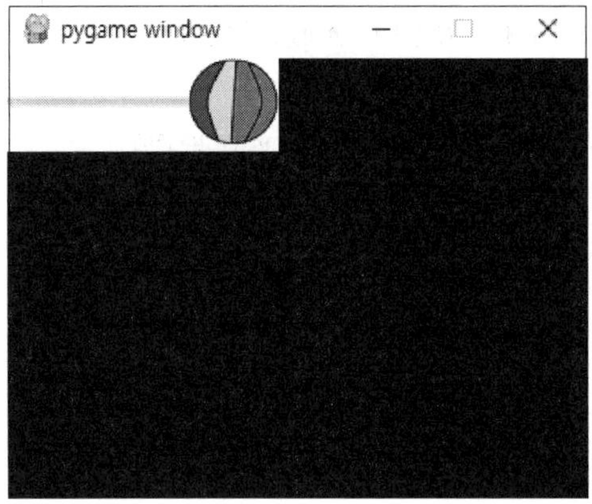

실행 결과를 살펴보면 이미지가 순식간에 움직이는 것을 알 수 있다. 좀 더 움직이는 과정을 천천히 보여서 실제 움직이는 느낌을 주기 위해서는 화면을 다시 보여주는 화면 update 시간을 조정해 줄 수 있어야 한다.

화면을 update하는 시간을 조정할 수 있도록 pygame에서는 다음과 같은 형식으로 화면 변경 시간을 제공해 준다.

PyGame 화면 변경 시간 설정하기

```
updateTime = pygame.time.Clock()
updateTime.tick(10)
```

updateTime이라는 객체를 하나 만들고, 반복문 안에서 화면을 갱신할 때마다 update Time.tick(10) 메소드를 수행하면 된다. 이때 tick()의 소괄호 안에 있는 10은 1초에 10번 바뀌는 것을 의미한다. 결국 1/10초의 시간지연이라고 생각하면 된다. 공식처럼 생각하면 된다. 이제 영상을 부드럽게 움직이는 프로그램은 다음과 같다.

[Prog 7.4] 이미지 위치 목적지까지 부드럽게 움직이기

```
import pygame
import sys

pygame.init()
s_size = (320, 240)
screen = pygame.display.set_mode(s_size)

updateTime = pygame.time.Clock()

ball = pygame.image.load("sample_ball2.png")
position = ball.get_rect()

while 1:
    for event in pygame.event.get():
        if event.type == pygame.QUIT:
            sys.exit()

    screen.blit(ball, position)
    position= position.move([2, 0])
    if position.right >=150: position.right=150

    updateTime.tick(10)  # 1초에10번update
    pygame.display.flip()
```

복잡해 보이지만 위에서 학습했던 프로그램에 2줄만 추가된 것이다. 실행 결과에서 그 차이를 컴퓨터 화면을 통해 직접 체험해 보기 바란다.

이제 화면 안에서 공이 계속 움직이게 해보자. 화면 가장자리에 도달하면 방향을 바꾸도록 해보고, 속도도 변화시켜 본다.

먼저 화면의 위치를 지정하는 화면 좌표는 다음과 같다.

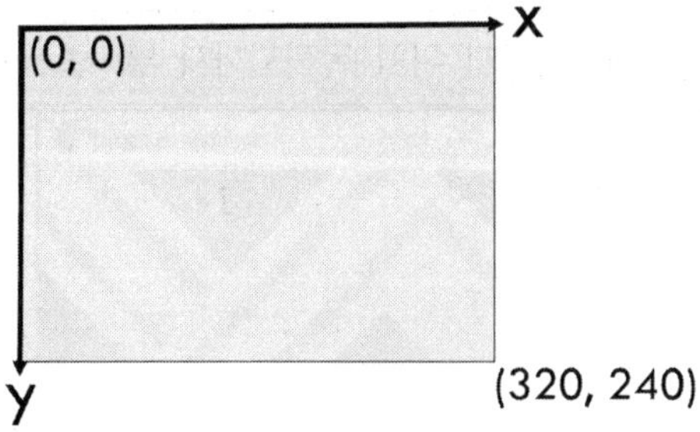

[그림 7.2] 화면 좌표

화면의 좌표는 하나의 점을 기준으로 (x, y)의 형태로 표시하는데, 가로 축을 x로 하고, 세로 축을 y로 한다. 그림 7.2에서 볼 수 있듯이 좌측 상단이 x = 0, y = 0인 지점이며 우측으로 갈수록 x값이 커지고 아래로 내려갈수록 y값이 커진다.

진행하던 프로그램 [Prog 7.4]의 일부분을 다음과 같이 수정해 주기로 한다.

```
s_width=320; s_height=240; s_size = (s_width, s_height)
...
ball_speed = [2, 2]
...
position= position.move(ball_speed)
...
    if position.left 〈 0 or position.right 〉 s_width:
            ball_speed[0] = -ball_speed[0]
    if position.top 〈 0 or position.bottom 〉 s_height:
            ball_speed[1] = -ball_speed[1]
```

프로그램 [Prog 7.4]를 위의 내용으로 변경해준 결과는 다음 프로그램 [Prog 7.5]와 같다.

[Prog 7.5] 이미지 화면 안에서 계속 움직이기

```
import pygame; import sys
pygame.init()

s_width = 320;
s_height = 240;
s_size = (s_width, s_height)
screen = pygame.display.set_mode(s_size)
updateTime = pygame.time.Clock()
ball = pygame.image.load("sample_ball2.png")
position = ball.get_rect()
ball_speed = [2, 2]

while 1:
    for event in pygame.event.get():
        if event.type == pygame.QUIT:
            sys.exit()

    screen.blit(ball, position)
    position = position.move(ball_speed)
    if position.left < 0 or position.right > s_width:
        ball_speed[0] = -ball_speed[0]
    if position.top < 0 or position.bottom > s_height:
         ball_speed[1] = -ball_speed[1]

    updateTime.tick(10)  # 1초에10번update
    pygame.display.flip()
```

실행 결과

공의 움직이는 속도를 변경하려면, speed나 updateTime.tick()의 값을 적당히 바꾸어 주면서 실행시켜 보면 된다. 공이 움직이는 궤적을 지우고 싶으면 화면을 변경할 때마다 다음과 같이 배경도 함께 다시 그려주면 된다.

```
screen.fill([0, 0, 0]) #화면 바탕 검정색으로 채우기
screen.blit(ball, position)
```

공 이미지의 바탕을 투명하게 만드는 방법은 본 교재의 범위를 벗어나기 때문에 여기서는 다루지 않는다. 다음과 같은 실행 결과를 얻기 위해 이미지의 바탕을 투명하게 하는 방법은 과제로 남긴다.

바탕을 채우고 이미지 배경을 투명으로 한 결과

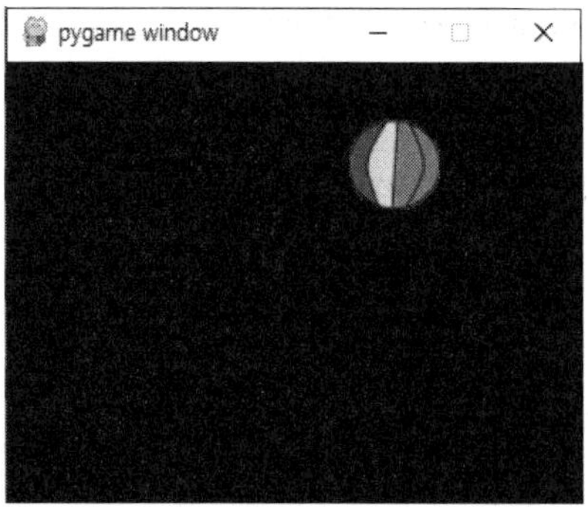

지금까지 pygame을 이용해서 이미지를 움직이는 방법을 학습하였다. 이제 pygame을 이용하는 기본 틀을 충분히 익혔으므로 기본 틀을 가지고 응용해서 블록 깨기 게임에 도전한다.

7.4 화면에 사각형 그리기

코드가 길어지므로 클래스를 이용해서 우리가 관심 있는 코드 부분만 교재에서 다루고 다음의 클래스 부분은 이번에만 나타낸다. 클래스에 대한 자세한 사항은 부록 B를 참고한다.

MyScreen 클래스

```
class MyScreen:
    pygame.init()
    s_width = 320;
    s_height = 240;
    s_size = (s_width, s_height)
    screen = pygame.display.set_mode(s_size)
    updateTime = pygame.time.Clock()
    ball = pygame.image.load("sample_ball2.png")
    position = ball.get_rect()
    ball_speed = [5, 5]

    def display_ball(self):
        self.screen.blit(self.ball, self.position)
        self.position = self.position.move(self.ball_speed)
        if self.position.left<0 or self.position.right>self.s_width:
            self.ball_speed[0] = -self.ball_speed[0]
        if self.position.top<0 or self.position.bottom>self.s_height:
            self.ball_speed[1] = -self.ball_speed[1]
```

위의 코드 부분은 한 파일에 같이 존재하는데 교재에서 생략한 것이다. 실습할 경우에는 반드시 같이 포함시켜주어야 한다.

이 클래스를 이용해서 [Prog 7.5] '이미지 화면 안에서 계속 움직이기'를 다시 표현하면 다음과 같다.

[Prog 7.6] 이미지 화면 안에서 계속 움직이기 (클래스 이용)

```
import pygame; import sys
#class MyScreen: 부분 생략 <-이 위치에 위의 코드 추가

ms= MyScreen() #클래스 객체 생성

while 1:
    for event in pygame.event.get():
        if event.type == pygame.QUIT:
            sys.exit()
    ms.screen.fill([0, 0, 0])#배경그리기
    ms.display_ball()
    ms.updateTime.tick(30)  # 1초에30번update
    pygame.display.flip()
```

위 프로그램과 [Prog 7.5] 프로그램의 차이점은 위의 프로그램이 클래스를 사용하여 메인루프 동작이 좀 더 이해하기 간편해졌다는 것과, screen.fill([0, 0, 0])도 추가되어 배경이 유지된다는 점, 그리고 tick()과 ball_speed 값을 변경하여 공의 움직이는 속도가 빨라졌다는 것이다. 실행 결과는 이전 프로그램과 유사하여 나타내지 않았다. 각자 실습을 통해 결과를 확인해 주기 바란다.

이제 이 틀을 이용해서 블록 깨기 프로젝트를 진행해 보기로 한다. 먼저 커다란 사각형을 하나 그려보자. pygame에서 제공해 주는 클래스를 이용해서 다음과 같은 코드를 작성하면 된다.

```
#왼쪽 상단 모서리 좌표 = (x, y) = (10, 10)
#사각형 크기 = (넓이, 높이) = (300, 100)
big_rect = pygame.Rect(10, 10, 300, 100) #사각형 객체 생성

#초록색 사각형그리기
green_color=(0, 255, 0)
pygame.draw.rect(screen, green_color, big_rect)
```

이 코드를 [Prog 7.6] '이미지 화면 안에서 계속 움직이기(클래스 이용)' 프로그램에 추가하면 다음과 같다.

[Prog 7.7] 초록색 사각형 그리기

```
import pygame; import sys
#class MyScreen: 부분 생략 <-이 위치에 위의 클래스 코드 추가


ms= MyScreen() #클래스 객체 생성
big_rect = pygame.Rect(10, 10, 300, 100) #사각형 객체 생성
green_colour=(0, 255, 0)  #(R, G, B) -> 초록색 지정하기


while 1:
    for event in pygame.event.get():
        if event.type == pygame.QUIT:
            sys.exit()
    ms.screen.fill([0, 0, 0])#배경그리기
    pygame.draw.rect(ms.screen, green_colour, big_rect)
    ms.display_ball()
    ms.updateTime.tick(30)  # 1초에30번update
    pygame.display.flip()
```

실행 결과

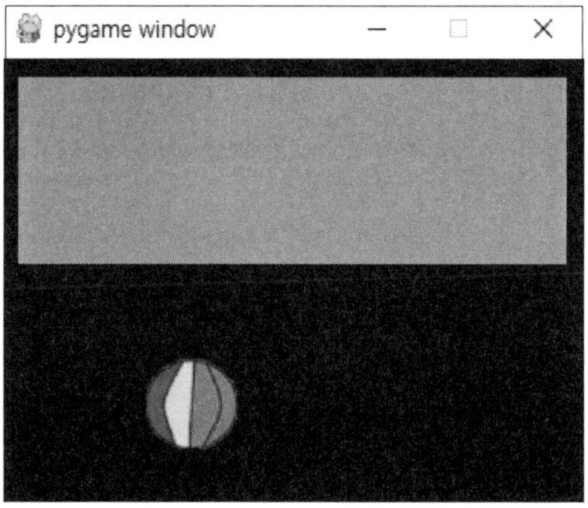

7.5 사각형과 공의 충돌감지

pygame은 공이 초록색 사각형과 겹치는지 알아보는 기능의 메소드인 colliderect()를 제공해 준다. 겹치면 True를 반환하고, 아니면 False를 반환한다. 사용방법은 다음과 같다.

```
if big_rect.colliderect(ms.position):
    print("공이 사각형과 겹쳐요")
```

이 코드를 추가하면 공과 사각형이 겹칠 때마다 "공이 사각형과 겹쳐요"라는 문구가 실행 결과 창에 나타나는 것을 볼 수 있다.

이제 초록색 사각형의 위치를 하단 중앙에 위치시키고 공이 겹치면 방향을 바꾸는 다음의 코드를 검토한다(이것은 앞에서 학습한 바 있는 공이 화면 창의 상단이나 하단에 위치했을 때 y값을 바꾸는 코드와 같다).

```
if big_rect.colliderect(ms.position):
    ms.ball_speed[1] = -ms.ball_speed[1]
```

이 코드를 이용해서 다음 프로그램을 실습해 보자.

[Prog 7.8] 사각형과 공의 충돌감지

```
ms= MyScreen() #클래스 객체 생성
big_rect = pygame.Rect(35, 200, 250, 35) #사각형 객체 생성
green_colour=(0, 255, 0)  #(R, G, B) -> 초록색 지정하기

while 1:
    for event in pygame.event.get():
        if event.type == pygame.QUIT:
            sys.exit()
    ms.screen.fill([0, 0, 0])#배경그리기
    pygame.draw.rect(ms.screen, green_colour, big_rect)
    ms.display_ball()
    if big_rect.colliderect(ms.position):
            ms.ball_speed[1] = -ms.ball_speed[1]
    ms.updateTime.tick(30)  # 1초에30번update
    pygame.display.flip()
```

실행 결과

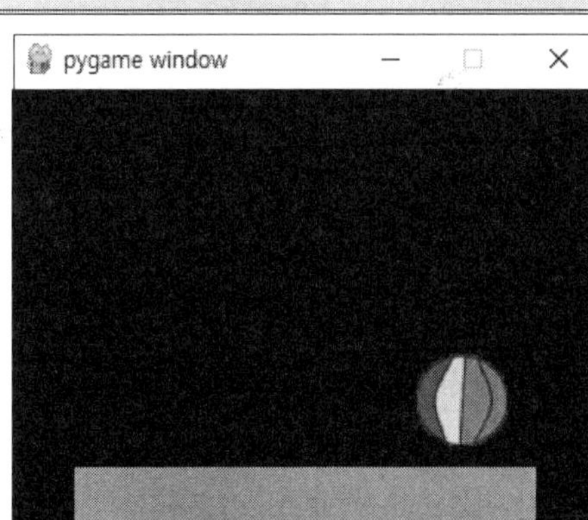

7.6 키입력 받아서 paddle 조정하기

하단의 초록색 사각형을 paddle이라는 이름으로 작게 만들고 좌우로 움직이게 해보자. 여러 가지 방법이 있겠으나 본 교재에서는 앞에서 학습했던 공의 움직임과 유사한 패턴을 사용한다. paddle이 좌우로 움직이는 코드는 다음과 같다.

```
#왼쪽 상단 모서리 좌표 = (x, y) = (35, 200) #(35, 200, 50, 10)
#사각형 크기 = (넓이, 높이) = (50, 10)
paddle = pygame.Rect(35, 200, 50, 10) #padddle 객체 생성

#paddle움직이기
p_speed=[3, 0] #좌우로만 3만큼씩 이동
paddle = paddle.move(p_speed)

#paddle이 화면 끝에 가면 방향 바꾸기
    if paddle.left<0 or paddle.right>ms.s_width:
        p_speed[0] = -p_speed[0]

#화면에 paddle 그리기
green_color=(0, 255, 0)
pygame.draw.rect(screen, green_color, paddle)
```

이 부분으로 변경하여 다음 프로그램을 실행시켜보자.

[Prog 7.9] paddle 움직이기

```
ms= MyScreen() #클래스 객체 생성
paddle = pygame.Rect(35, 200, 50, 10) #padddle 객체 생성
green_colour=(0, 255, 0)  #(R, G, B) -> 초록색 지정하기
p_speed=[3, 0] #paddle을 좌우로만 3만큼씩 이동

while 1:
```

[Prog 7.9] paddle 움직이기

```
for event in pygame.event.get():
    if event.type == pygame.QUIT:
        sys.exit()
ms.screen.fill([0, 0, 0])#배경그리기
if paddle.left<0 or paddle.right>ms.s_width:
        p_speed[0] = -p_speed[0]
paddle = paddle.move(p_speed)
pygame.draw.rect(ms.screen, green_colour, paddle)
ms.display_ball()
if paddle.colliderect(ms.position):
            ms.ball_speed[1] = -ms.ball_speed[1]
ms.updateTime.tick(30)  # 1초에30번update
pygame.display.flip()
```

실행 결과

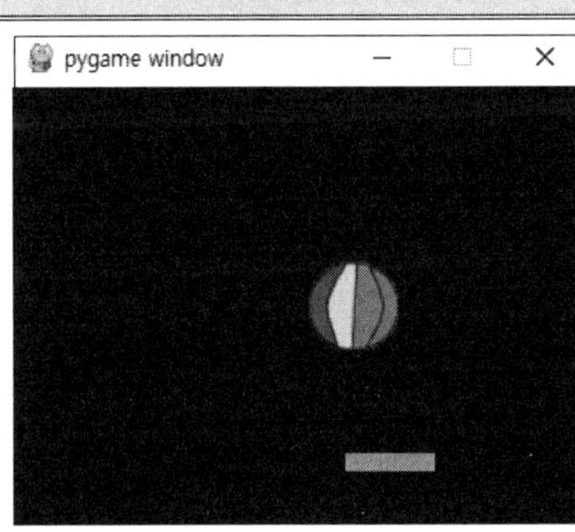

이렇게 만들어진 paddle을 키보드로 움직여 보자. 키 값이 눌리면 이벤트가 발생하며 그 정보가 pygame.event.get()에 의해 전달된다. 그 값을 이용하면 되는데, 먼저 키가 눌렸다는 정보는 KEYDOWN이고, 키가 떨어졌다는 정보는 KEYUP이다. 그리고 다시 오른쪽 화살표 키는 K_RIGHT로 표시되고 왼쪽 화살표 키는 K_LEFT로 표시된다.

키 입력에 대한 이해를 돕기 위해 다음 프로그램을 실습해 보자.

[Prog 7.10] 화살표 키 입력받기

```
import pygame; import sys
pygame.init()
s_width = 320;
s_height = 240;
s_size = (s_width, s_height)
screen = pygame.display.set_mode(s_size)

while 1:
for event in pygame.event.get():
    if event.type == pygame.QUIT:
        sys.exit()
    elif event.type == pygame.KEYDOWN:
        if event.key == pygame.K_RIGHT:
            print("오른쪽 화살표 키 눌림")
        elif event.key == pygame.K_LEFT:
            print("왼쪽 화살표 키 눌림")
    elif event.type == pygame.KEYUP:
        if event.key == pygame.K_RIGHT:
            print("오른쪽 화살표 키 떨어짐")
        elif event.key == pygame.K_LEFT:
            print("왼쪽 화살표 키 떨어짐")
```

위 프로그램을 실행하면 그냥 창 하나만 덩그러니 생기고 아무 일도 생기지 않는다. 그 상태에서 키보드의 왼쪽 화살표와 오른쪽 화살표를 누르면 다음과 같은 실행 결과를 얻을 수 있다.

실행 결과 (키 누르기)
왼쪽 화살표 키 눌림 왼쪽 화살표 키 떨어짐 오른쪽 화살표 키 눌림 오른쪽 화살표 키 떨어짐

이 부분(키 입력)도 다음과 같이 MyScreen 클래스에 추가시키자.

MyScreen 클래스 get_key() 메소드 추가

```
class MyScreen: 부분
    ...
    p_right_dir = False
    p_left_dir = False

    def display_ball(self):
        ...

def get_key(self):
    for event in pygame.event.get():
        if event.type == pygame.QUIT:
            sys.exit()
    elif event.type == pygame.KEYDOWN:
        if event.key == pygame.K_RIGHT:
            self.p_right_dir = True
        elif event.key == pygame.K_LEFT:
            self.p_left_dir = True
    elif event.type == pygame.KEYUP:
        if event.key == pygame.K_RIGHT:
            self.p_right_dir = False
        elif event.key == pygame.K_LEFT:
        self.p_left_dir = False
```

위의 수정된 MyScreen 클래스를 이용해서 화살표 키를 이용해서 paddle을 움직여 보자. 기본 틀은 [Prog 7.9] paddle 움직이기를 사용한다. 좌우 화살표 키를 입력받아 paddle을 움직이는 프로그램은 다음과 같다.

[Prog 7.11] 화살표 키로 paddle 조정하기

```
ms.get_key()
ms.screen.fill([0, 0, 0])#배경그리기

if ms.p_right_dir == True :
    p_speed[0]=3
elif ms.p_left_dir == True:
    p_speed[0]=-3
else :
    p_speed[0]=0

paddle = paddle.move(p_speed)
if paddle.left<0 :
    paddle.left = 0
elif paddle.right>ms.s_width:
    paddle.right = ms.s_width

pygame.draw.rect(ms.screen, green_colour, paddle)
ms.display_ball()
if paddle.colliderect(ms.position):
    ms.ball_speed[1] = -ms.ball_speed[1]
ms.updateTime.tick(30)  # 1초에30번update
pygame.display.flip()
```

실행 결과도 키보드로 조정한다는 것을 제외하면 [Prog 7.9]와 같다.

화면에 공을 움직이는 코드를 클래스 부분으로 처리했던 것처럼 paddle도 정리해야 한다. 단순하게 다음과 같이 원래 클래스에 추가한다.

MyScreen 클래스 display_paddle() 메소드 추가

```
class MyScreen: 부분
    ...
    paddle = pygame.Rect(35, 200, 50, 10) #padddle 객체 생성
    green_colour=(0, 255, 0)  #(R, G, B) -> 초록색 지정하기
    p_speed=[0, 0] #paddle 속도 초기값

...
    def get_key(self):
        ...

    def display_paddle(self):
        if self.p_right_dir == True:
            self.p_speed[0] = 3
        elif self.p_left_dir == True:
            self.p_speed[0] = -3
        else:
            self.p_speed[0] = 0

        self.paddle = self.paddle.move(self.p_speed)
        if self.paddle.left < 0:
            self.paddle.left = 0
        elif self.paddle.right > ms.s_width:
            self.paddle.right = ms.s_width

        pygame.draw.rect(ms.screen, self.green_colour, self.paddle)

        if self.paddle.colliderect(self.position):
            self.ball_speed[1] = -self.ball_speed[1]
```

이렇게 display_paddle() 메소드가 추가된 MyScreen 클래스를 이용해서 지금까지 프로그램을 정리하면 다음과 같다.

[Prog 7.12] display_paddle() 메소드 사용하기

```
import pygame; import sys
#class MyScreen: 부분 생략 <-이 위치에 위의 클래스 코드 추가

ms= MyScreen() #클래스 객체 생성

while 1:
    ms.get_key()
    ms.screen.fill([0, 0, 0])#배경그리기
    ms.display_paddle()
    ms.display_ball()

    ms.updateTime.tick(30)  # 1초에30번update
    pygame.display.flip()
```

실행 결과는 위의 프로그램 [Prog 7.11]과 동일하다.

7.7 화면 상단에 벽돌 나타내기

다음 그림과 같이 화면 상단에 벽돌(사각형 블록)을 그려 넣어 보자.

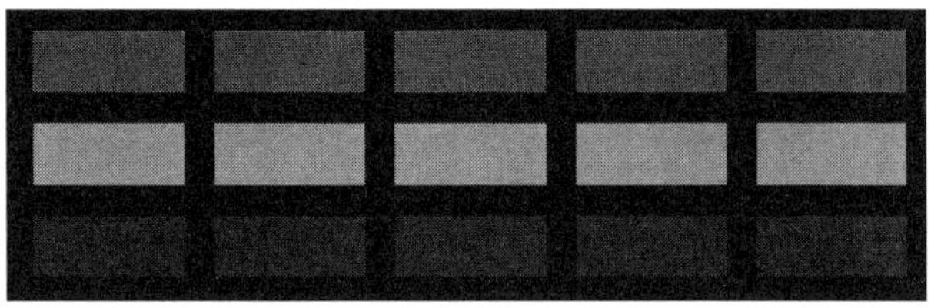

[그림 7.3] 화면 상단의 벽돌

처음에는 True이고 공과 충돌하면 False의 상태를 갖는 상태 리스트를 다음과 같이 만든다.

```
a=np.full((3,5), True)
```

이 리스트를 출력해 보면 다음과 같이 3개 층에 각 층마다 5개 원소를 갖는 2차원 배열임을 알 수 있다.

```
[[ True  True  True  True  True]
 [ True  True  True  True  True]
 [ True  True  True  True  True]]
```

그 다음에 pygame.Rect()를 이용해서 각 층의 5개 블록들을 다음과 같이 만들어 준다.

```
temp=[]
for j in range(5): #1개 층에5개 벽돌
    temp.append(pygame.Rect(15+j*60, i*30+10, 50, 20))
```

이렇게 만들어진 리스트들을 각각의 층마다 쌓아준다. 결과 코드는 다음과 같다.

```
brick=[]
for i in range(3):      #3개층
    temp=[]
    for j in range(5): #1개 층에5개 벽돌
```

```
        temp.append(pygame.Rect(15+j*60, i*30+10, 50, 20))
    brick.append(temp)
```

위의 코드를 MyScreen 클래스에 init_brick()이라는 메소드로 정리해서 추가하면 다음과 같다.

MyScreen 클래스 init_brick() 메소드 추가

```
class MyScreen: 부분
    ...
    brick=[]
    ...
    def init_brick(self):
        for i in range(3):      #3개층
            temp=[]
            for j in range(5): #1개 층에5개 벽돌
                temp.append(pygame.Rect(15+j*60, i*30+10, 50, 20))
            self.brick.append(temp)
```

위의 init_brick() 메소드를 사용해서 화면 상단에 벽돌을 나타내는 프로그램은 다음과 같다.

[Prog 7.13] 화면에 벽돌 표시하기

```
import pygame; import sys
import numpy as np
#class MyScreen: 부분 생략 <-이 위치에 위의 클래스 코드 추가

ms= MyScreen() #클래스 객체 생성
ms.init_brick()
a=np.full((3,5), True)
for i in range(3):  # 3개층
    if i==0:
        brick_colour=(255,0,0)  #red
```

[Prog 7.13] 화면에 벽돌 표시하기

```
    if i==1:
        brick_colour=(0,255,0)  #green
    if i==2:
        brick_colour=(0,0,255)  #blue

    for j in range(5): #1개 층에5개 벽돌
        if a[i][j] == True:
            pygame.draw.rect(self.screen,
                            brick_colour, self.brick[i][j])

while 1:
    ms.get_key()
    ms.updateTime.tick(30)  # 1초에30번update
    pygame.display.flip()
```

실행 결과

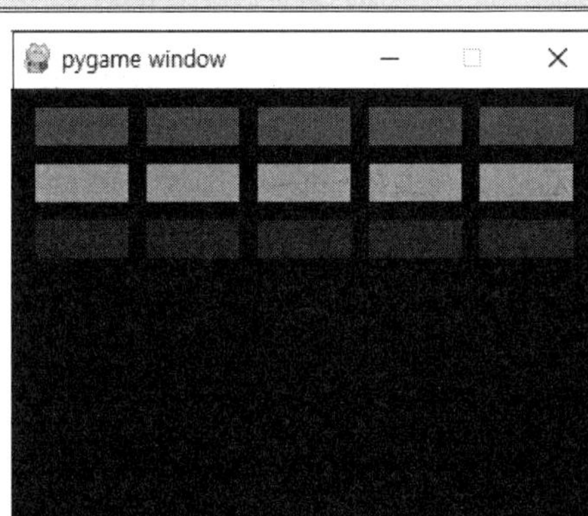

지금까지와 마찬가지로 벽돌을 표시하는 기능을 갖는 메소드로 정리해서 MyScreen 클래스에 포함시키면 다음과 같다.

MyScreen 클래스 display_brick() 메소드 추가

```
class MyScreen: 부분
    ...
    brick_colour=[(255,0,0), (0,255,0), (0,0,255)]
    ...
    def display_brick(self, a):
        for i in range(3):  # 3개층
            for j in range(5): #1개 층에5개 벽돌
                if a[i][j] == True:
                        pygame.draw.rect(self.screen,
                            self.brick_colour[i], self.brick[i][j])
```

공과 벽돌이 충돌했을 때 처리를 위해 위의 코드 "if a[i][j] == True:"에 다음 부분을 추가시킨다.

```
if a[i][j] == True:
    pygame.draw.rect(self.screen,
                        self.brick_colour[i], self.brick[i][j])
    if self.brick[i][j].colliderect(self.position):
        a[i][j]=False
        self.score = self.score + (5-i)
                                    #빨간색5점, 초록색3점, 파란색2점
        print("score = ", self.score)
        self.ball_speed[1] = -self.ball_speed[1]
```

지금까지 아주 간단하게 프로젝트식으로 벽돌 깨기 게임을 만들어 보았다. 본 교재는 따라하면서 코딩을 배우는 것이 목적이므로 나머지 부분은 각자 도전해 보기 바란다. 화면 크기, 공의 크기, 패들 스피드와 공의 스피드를 변경하거나, 처음 시작할 때는 멈춰 있다가 스페이스 바를 누르면 시작해서 공이 패들에서 벗어나서 바닥에 닿으면 게임이 멈추고 스페이스 바를 누르면 다시 시작하는 방식으로 공 3개를 소진하면 게임이 끝나도록 변경해 보면 재미있을 것이다. 이 부분은 부록 G를 참고하기 바라고, 각자 취향에 맞게 변형하는 것은 과제로 남긴다.

본 교재는 이것으로 마무리한다. 교재의 내용을 전부 학습했다면 파이썬 코딩에 대한 초보는 면했다고 생각한다. 하지만 이제 겨우 첫 발을 디딘 것이기에 앞으로도 꾸준하게 자기만의 프로젝트를 기획하여 더 깊이 있는 파이썬 코딩 학습이 이루어져야 하겠다.

학습 점검

◎ 프로그램 실행 결과는 어떠하였는지 적어보시오.

◎ 오류가 발생한 부분이 있었는가? 있었다면 적어보시오.

◎ 발생한 오류를 어떻게 해결하였는지 적어보시오.

부 록

부록 A 비트연산자와 연산자 우선순위
부록 B 클래스
부록 C 리스트, 튜플, 딕셔너리
부록 D numpy
부록 E matplotlib
부록 F pygame
부록 G 벽돌 깨기 소스코드

부록 A　비트연산자와 연산자 우선순위

부록에서는 본문에서 언급하지 못한 부분에 대해 학습한다. 저자의 경험상 프로그램 언어를 익힐 경우 모든 문법을 완벽하게 배운 후에 응용 프로그램을 작성하기보다는 응용 프로그램을 작성하면서 필요할 때마다 문법을 찾아보고 익히는 것이 더 학습 효과가 높다고 판단된다. 따라서 우선 본문에서 주어진 프로그램을 따라해 보고 문법이나 이해가 필요한 부분에 대해 부록에서 별도로 학습하는 방법을 사용한다.

A.1 비트연산자

비트연산자는 (&, |, ^, ~, 〈〈, 〉〉)이 있다. &는 비트별로 하나하나 and 연산을 하는 것 것이고, |는 비트별로 하나하나 or 연산을 하는 것이다. ^는 비트별로 하나하나 xor 연산을 하는 것이다. ~는 모든 비트를 전부 not을 취해 주는 것이며, 〈〈는 비트 자리수 좌로 이동, 〉〉 비트 자리수 우로 이동이다.

1) & 연산자

피연산자(operland) 내용을 각 bit별로 and하는 연산자이다. & 연산 실습을 위해 다음 프로그램 내용을 살펴보자.

```
a = 3
b = 5
c = a & b
```

a = 3의 내용을 2진수로 표현하면 다음과 같다.

a	2^7	2^6	2^5	2^4	2^3	2^2	2^1	2^0
	0	0	0	0	0	0	1	1

마찬가지로 b=5의 내용을 2진수로 표현하면 다음과 같다.

b	2^7	2^6	2^5	2^4	2^3	2^2	2^1	2^0
	0	0	0	0	0	1	0	1

이제 a와 b의 &연산은 다음과 같이 각 비트별로 and연산을 해서 얻어진다.

	2^7	2^6	2^5	2^4	2^3	2^2	2^1	2^0
a	0	0	0	0	0	0	1	1
&	and	and	and	and	and	and	and	and
b	0	0	0	0	0	1	0	1
⇓	⇓	⇓	⇓	⇓	⇓	⇓	⇓	⇓
c	0	0	0	0	0	0	0	1

연산결과 c라는 이름의 그릇에는 a에 담긴 재료와 b에 담긴 재료를 & 연산으로 요리한 결과로 1이라는 값이 담기게 된다.

이 내용을 실습을 통해 확인해 보자. 다음 프로그램을 작성하여 실행시킨다.

[prog A-1] &연산

```
a = 3
b = 5
c = a & b
print(c)
```

이 프로그램의 실행 결과는 1이 나오게 된다. a=7이고 b=22이면 c가 6이 되는 것은 각자 실습을 통해 확인해 보기 바란다.

2) | 연산자

피연산자(operland) 내용을 각 bit별로 or하는 연산자이다. 자판의 = 오른쪽 옆의 ₩ 자판에 있다. Shift+₩를 누르면 |가 된다.

| 연산자를 이해하기 위해 다음 프로그램 내용을 살펴보자.

```
a = 3
b = 5
c = a | b
```

a라는 이름의 그릇에 3이라는 재료가 들어가 있다. 자세히는 이 값이 컴퓨터 내부 기억장치에 1과 0이라는 2진수로 들어가게 된다. 예를 들어 8 bit 공간만 고려하여 a=3의 내용을 2진수로 표현하면 다음과 같다.

a	2^7	2^6	2^5	2^4	2^3	2^2	2^1	2^0
	0	0	0	0	0	0	1	1

마찬가지로 b=5의 내용을 2진수로 표현하면 다음과 같다.

b	2^7	2^6	2^5	2^4	2^3	2^2	2^1	2^0
	0	0	0	0	0	1	0	1

이제 a와 b의 | 연산은 다음과 같이 각 비트별로 or연산을 해서 얻어진다.

	2^7	2^6	2^5	2^4	2^3	2^2	2^1	2^0
a	0	0	0	0	0	0	1	1
|	or	or	or	or	or	or	or	or
b	0	0	0	0	0	1	0	1
⇓	⇓	⇓	⇓	⇓	⇓	⇓	⇓	⇓
c	0	0	0	0	0	1	1	1

즉, 연산결과 c라는 이름의 그릇에는 a에 담긴 재료와 b에 담긴 재료를 | 연산으로 요리한 결과로 7이라는 값이 담기게 되는 것이다.

이 내용을 실습을 통해 확인해 보자.

[prog A-2] |연산
a = 3
b = 5
c = a | b
print(c)

이 프로그램을 실행해 보면 결과는 7이 나오게 된다. a=7이고 b=22이면 c가 23이 되는 것을 따져보고 실습을 통해 확인해 보기 바란다.

3) ^ 연산자

피연산자(operland) 내용을 각 bit별로 Exclusive Or(이하 xor)하는 연산자이다. 진리표는 두 개의 2진 피연산자가 같으면 0, 다르면 1이다. 즉 다음과 같다.

XOR 진리표

x1	x2	y
0	0	0
0	1	1
1	0	1
1	1	0

비트별 XOR 연산(^) 실습을 위해 다음 프로그램 내용을 살펴보자.

```
a = 3
b = 5
c = a ^ b
```

a=3의 내용을 2진수로 표현하면 다음과 같다.

a	2^7	2^6	2^5	2^4	2^3	2^2	2^1	2^0
	0	0	0	0	0	0	1	1

마찬가지로 b=5의 내용을 2진수로 표현하면 다음과 같다.

b	2^7	2^6	2^5	2^4	2^3	2^2	2^1	2^0
	0	0	0	0	0	1	0	1

이제 a와 b의 ^ 연산은 다음과 같이 각 비트별로 xor연산을 해서 얻어진다.

	2^7	2^6	2^5	2^4	2^3	2^2	2^1	2^0
a	0	0	0	0	0	0	1	1
^	xor	xor	xor	xor	xor	xor	xor	xor
b	0	0	0	0	0	1	0	1
⇓	⇓	⇓	⇓	⇓	⇓	⇓	⇓	⇓
c	0	0	0	0	0	1	1	0

연산결과 c라는 이름의 그릇에는 a에 담긴 재료와 b에 담긴 재료를 ^ 연산으로 요리한 결과로 6이라는 값이 담기게 된다.

이 내용을 실습을 통해 확인해 보자. 다음 프로그램을 작성하여 실행시킨다.

[prog A-1] &연산

```
a = 3
b = 5
c = a ^ b
print(c)
```

이 프로그램의 실행 결과는 6이 나오게 된다. a=7이고 b=22이면 c가 17이 되는 것은 각자 실습을 통해 확인해 보기 바란다.

4) ~ 연산자

피연산자(operland) 내용을 각 bit별로 not하는 연산자이다. ~ 연산자를 이해하기 위해 다음의 내용을 살펴보자.

```
a = 3
c = ~a
```

~ 연산은 피연산자가 1개인 단항연산자이다. 즉, b라는 그릇 없이 a라는 그릇의 내용 하나만 가지고 요리한다. a의 내용을 2진수로 살펴보면 다음과 같다.

a	2^7	2^6	2^5	2^4	2^3	2^2	2^1	2^0
	0	0	0	0	0	0	1	1

이 a에 대해 ~ 연산을 하면, 다음과 같이 각 비트별로 not 연산을 해서 얻어진다.

	2^7	2^6	2^5	2^4	2^3	2^2	2^1	2^0
a	0	0	0	0	0	0	1	1
~	not	not	not	not	not	not	not	not
⇓	⇓	⇓	⇓	⇓	⇓	⇓	⇓	⇓
c	1	1	1	1	1	1	0	0

연산결과 c라는 이름의 그릇에는 a에 담긴 재료를 ~ 연산으로 요리한 결과로 -4라는 값이 담기게 된다. 0b11111100이 -4인 것은 본 교재의 범위를 벗어나므로 디지털공학 교재를 참조하기 바란다.

이 내용을 실습을 통해 확인해 보자. 다음 프로그램을 작성하여 실행시킨다.

[prog A-1] &연산

```
a = 3
c = ~a
print(c)
```

이 프로그램의 실행 결과는 -4가 나오게 된다. a=7인 경우 c가 -8이 되는 것은 각자 실습을 통해 확인해 보기 바란다.

5) 〈〈 연산자

피연산자(operland) 내용을 각 bit별로 좌측으로 자리이동(shift)하는 연산자이다. 〈〈 연산자를 이해하기 위해 다음 프로그램 내용을 살펴보자.

```
a = 3
c = a << 2
```

<< 연산은 하나의 그릇 내용만으로 자리를 바꾸어 주는 연산자이다. 연산자 오른쪽에 오는 숫자는 몇 번 자리이동할 것인지 정하는 숫자이다. 예를 들어, a라는 이름의 그릇에 3이라는 재료가 들어가 있다. 자세히는 이 값이 컴퓨터 내부 기억장치에 1과 0이라는 2진수로 들어가게 된다. 예를 들어 8 bit 공간만 고려하여 a=3의 내용을 2진수로 표현하면 다음과 같다.

a	2^7	2^6	2^5	2^4	2^3	2^2	2^1	2^0
	0	0	0	0	0	0	1	1

이제 이 내용이 << 연산을 통해 다음과 같이 비트별로 2자리 이동한다.

	2^7	2^6	2^5	2^4	2^3	2^2	2^1	2^0
a	0	0	0	0	0	0	1	1
<<			...		...	↙	↙	
2	0	0	0	0	1	1		
⇓	⇓	⇓	⇓	⇓	⇓	⇓	⇓	⇓
c	0	0	0	0	1	1	0	0

즉, 연산결과 c라는 이름의 그릇에는 a에 담긴 재료의 내용이 << 2에 의해 2자리 이동하여 담기게 되는 것이다. 맨 오른쪽에 빈자리는 0이 채워지고 원래 a에 담겨있던 맨 왼쪽 2비트는 버려지고 결과는 12가 된다. 이는 원래 3이라는 값에 2^2이 곱해져서 얻어진 값이다. 즉 왼쪽으로 n번 자리 이동하면 원래 가지고 있던 값에 2^n이 곱해진다는 사실을 알 수 있다. 다만, 맨 왼쪽에서 1의 값이 잘려나간다면 다른 값이 될 수 있다.

이 내용을 실습을 통해 확인해 보자.

[prog A-2] |연산

```
a = 3
c = a << 2
print(c)
```

이 프로그램을 실행해 보면 결과는 12가 나오게 된다. a=1이고 b=5이면 c가 2^5=32가 되는 것을 스스로 실습을 통해 확인해 보기 바란다.

6) >> 연산자

피연산자(operland) 내용을 각 bit별로 우측으로 자리이동(shift)하는 연산자이다. >> 연산자를 이해하기 위해 다음 프로그램 내용을 살펴보자.

```
a = 15
c = a >> 3
```

>> 연산은 하나의 그릇 안에서 자리를 바꾸어 주는 연산자이다. 연산자 오른쪽에 오는 숫자는 몇 번 자리이동할 것인지를 정하는 숫자이다. 예를 들어, a라는 이름의 그릇에 15라는 재료가 들어가 있다. 자세히는 이 값이 컴퓨터 내부 기억장치에 1과 0이라는 2진수로 들어가게 된다. 예를 들어 8 bit 공간만 고려하여 a=15의 내용을 2진수로 표현하면 다음과 같다.

a	2^7	2^6	2^5	2^4	2^3	2^2	2^1	2^0
	0	0	0	0	1	1	1	1

이제 이 내용이 >> 연산을 통해 다음과 같이 비트별로 3자리 이동한다.

	2^7	2^6	2^5	2^4	2^3	2^2	2^1	2^0
a	0	0	0	0	1	1	1	1
>>			...		...	→	→	
3				0	0	0	0	1
⇓	⇓	⇓	⇓	⇓	⇓	⇓	⇓	⇓
c	0	0	0	0	0	0	0	1

위에서 볼 수 있듯이, 연산결과 c라는 이름의 그릇에는 a에 담긴 재료의 내용을 >> 3에 의해 3자리 이동하여 담기게 되는 것이다. 원래 a에 담겨있던 맨 오른쪽 3비트는 버려진다. 맨 왼쪽부터(3개의 빈자리가 생기는데 여기에는) 부호비트가 채워진다. 즉 양수인 경우 0이 채워지고 음수인 경우 1이 채워진다. 이 경우는 0이 채워진다. 따라서 결과는 1이 나온다. 1이라는 결과는 a에 담겨있는 15라는 숫자를 2^3으로 나눈 몫이다. 즉 왼쪽으로 n번 자리 이동하면 원래 가지고 있던 값에 2^n으로 나누어진다는 사실을 알 수 있다.

이 내용을 실습을 통해 확인해 보자.

[prog A-2] |연산

```
a = 15
c = a >> 3
print(c)
```

이 프로그램을 실행해 보면 결과는 1이 나오게 된다. a = -4이고 b = 2이면 c가 -1이 되는 것을 실습을 통해 스스로 확인해 보기 바란다.

A.2 연산자 우선순위

연산자에 대한 보충으로 연산자 우선순위를 부록에 추가하면서 부록 A를 마무리하기로 한다. 연산자 우선순위는 다음과 같다.

1순위 : 소괄호 '()'
2순위 : 산술연산자 중에서 지수(**) 연산자
3순위 : 산술부호(+, -) (더하기 빼기가 아니고 양수, 음수)
　　　　비트연산자 중 단항연산자(~)
4순위 : 산술연산자(*, /, //, %, +, - 순)
5순위 : 비트연산자(〈〈, 〉〉, &, ^, | 순)
6순위 : 비교연산자(〈, 〈=, 〉, 〉=, !=, == 순)
7순위 : 논리연산자(not, and, or 순)
8순위 : 대입연산자(=)

일반적으로 산술연산자, 비교연산자, 논리연산자 순 정도만 기억하면 된다. 대입연산자가 맨 마지막 순위라는 것은 지속적으로 언급된 내용이다. 일일이 외울 필요는 없고 다른 사람이 작성한 프로그램을 볼 때 이 부분을 참고하면 된다. 코딩하는 경우에는 소괄호를 이용하면 연산자 우선순위에 대해 크게 신경 쓰지 않아도 될 것이다.

이번 부록 A에서는 연산자의 보충 내용으로 비트연산자와 연산자 우선순위에 대해서 알아보았다. 보통 파이썬 교재에서는 이 내용을 본문에 넣는 경우가 많은데, 본 교재는 초보자들이 가장 간단하고 핵심적인 내용만 본문에서 학습하고 나머지 부분은 필요한 경우에 부록을 통해 보충하도록 하였다. 다양하게 지속적으로 실습을 따라 하는 것이 더 큰 학습 효과를 볼 수 있다는 것을 명심하고 많은 프로그램들을 실습해 주기를 다시 한 번 당부하는 바이다.

학습 메모

부록 B 클래스

B.1 클래스 개요

클래스는 여러 개의 그릇과 조리기가 포함된 주방 설계도에 비유할 수 있다. 설계도가 잘 이해가 안 되면 거대한 붕어빵 틀이라고 생각해도 좋겠다. 그 클래스 모양의 설계도에 따라 주방을 만들거나 또는 붕어빵 틀에서 붕어빵을 만들어 내는 방법은 일반적으로 다음과 같이 그 클래스 이름에 소문자 '()'를 붙여서 함수를 호출하듯이 클래스를 호출하는 것이다.

변수명 = 클래스이름() #객체 생성

이때 변수명에 담기는 내용은 주방과 같은 큰 규모로 여러 개의 변수들과 함수들이 들어갈 수 있다. 그래서 보통 변수를 그릇으로 생각했듯이 클래스로 만들어진 주방을 변수라는 이름보다는 객체(Object)라는 이름으로 부른다. 초보 단계에서는 그냥 참고만 하고 더 자세한 내용은 클래스 형식과 사용법을 실습하면서 학습해 가기로 한다.

B.2 클래스의 정의

클래스의 정의는 다음과 같은 형식으로 사용한다. 거듭 강조하지만 코딩 문법의 기본 패턴은 꼭 숙지하여야 한다. 다만 무조건 외우기보다는 다음 형식이 필요할 때마다 지속적으로 이 부분을 찾아보면서 익히면 되겠다.

클래스 정의 형식
class 클래스이름 : (들여쓰기) 클래스에 포함되는 변수(선언) (들여쓰기) def _ _ init _ _(self): (들여쓰기) (들여쓰기) 클래스이름이 호출될 경우 실행될 내용 ... (들여쓰기) 클래스에 포함되는 함수(정의)

클래스 이름은 우리가 만드는 것이다. 변수나 함수와 마찬가지로 변수 이름 만드는 방법에 따라 이름을 지어주면 된다. 편의를 위해 변수 이름 만드는 방법에 대한 내용을 다시 표시하면 다음과 같다.

변수 이름을 만드는 규칙
1. 영문, 숫자 및 _(언더바, under bar 기호)만 사용한다. (즉, 변수 이름에 특수기호나 공백을 사용하면 안 된다.) 2. 첫 글자에 숫자가 오면 안 된다. 3. 대소문자를 구분한다. 4. 예약어는 변수 이름으로 사용할 수 없다.

변수 이름이나 함수 이름과 구분하기 위해서 클래스 이름 첫 글자는 대문자로 사용하기로 한다. def _ _ init _ _(self): 부분은 클래스 생성자라고 하는 것이다. 일종의 예약어로, 객체가 만들어지면서 바로 실행되는 역할을 하는 것이다. 클래스의 초기화 함수라고 생각하면 된다. self는 클래스 자기 자신이라는 뜻이다. 생성자는 생략될 수 있다.

예를 들어 프로그램 세계에서 공을 표현한다고 생각해 보자. 이 클래스에 포함되는 변수로 공의 특징을 나타내는 공의 색, 공의 크기(반지름), 재질(고무공, 가죽공)을 생각해 볼 수 있다. 공이 만들어질 때, 공의 기본 상태를 표시하면서 (이런) "공이 만들어졌습니다."라고 할 수 있다. 공에 좌표를 주면 그 좌표로 굴러가서 멈추는 동작도 있는 그런 공 클래스를 만들어 보자(굴러가서 멈추는 기능은 아직까지는 화면에 좌표를 표시하는 것으로 대신한다).

가장 간단하게 색상을 표현하는 변수만 가지고 있는 기본적인 공 클래스를 정의하면 다음과 같다.

```
class BallBasic:
    colour= "white"
```

이렇게 정의된 공 클래스를 사용하는 방법을 다음 절에서 알아보자.

B.3 클래스 사용하기

클래스는 설계도와 같은 것이라고 했다. 우리가 앞에서 학습하면서 코딩에서의 변수를 요리를 위해 그릇을 만들어서 사용하는 것에 비유했다. 이때 사용하는 그릇은 공장에서 그 모양이 결정되어 바로 만들어진 것을 이름만 붙여서 사용만 하면 되었는데, 아주 복잡하고 거대한 그릇 또는 주방을 우리가 직접 만들어서 사용할 때는 먼저 설계도를 그려 놓고 그것에 맞추어 만들어야 한다. 설계도 그리기가 클래스라면 그 클래스를 이용해서 하나의 객체를 만들어서 사용하는 것이 클래스 사용방법이다. 그 방법은 6.1절의 클래스 개념에서 설명했듯이 다음과 같다.

변수명(객체명) = 클래스이름()

앞에서 정의한 BallBasic 클래스를 이용하여 클래스 사용방법을 실습해 보자.

[Prog B.1] BallBasic 클래스 처음 사용

```
class BallBasic:
    colour= "백색"

bb=BallBasic()
print(bb)
```

변수명에 해당하는 객체이름을 bb라고 하였고 클래스 이름을 소괄호 '()'를 붙여서 호출하면서 객체가 만들어졌다. 그런데 그 만들어진 bb를 그냥 바로 사용(화면에 출력)하면 다음과 같은 실행 결과를 얻는다.

실행 결과

```
<__main__.BallBasic object at 0x000001B94E2C1280>
```

at 뒤의 숫자값은 상황에 따라 다 달라질 수 있다. 아무튼 이렇게 사용하면 사용된 bb가 객체(object)라는 정보 외에는 아는 것이 없다. 그래서 클래스로 만들어진 객체는 이렇게 사용하는 것이 아니고, 그 안에 포함된 변수와 함수를 일반 변수나 일반 함수처럼 사용해야 하는데 다음과 같이 점(.)을 붙여 사용한다.

[Prog B.2] BallBasic 클래스 두 번째 사용

```
class BallBasic:
    colour= "백색"

bb=BallBasic()
print(bb.colour)
```

실행 결과

```
백색
```

이제 공의 색을 변경하고 싶으면 다음과 같이 사용하면 된다.

[Prog B.3] BallBasic 클래스 두 번째 사용

```
class BallBasic:
    colour= "백색"

bb=BallBasic()
print(bb.colour)

bb.colour= "청색"
print(bb.colour)
```

실행 결과

```
백색
청색
```

클래스 사용을 좀 더 학습하기 위해 공의 크기(반지름), 재질(고무공, 가죽공)을 갖는 공 클래스로 확장해 보자. 다음과 같은 클래스를 정의한다.

```
class BallExp:
    colour= "흰색"
```

```
radius = 10 #cm
material = "고무"
```

이렇게 정의된 클래스를 이용해서 실습해 보자.

[Prog B.4] BallExp 클래스 사용

```
class BallExp:
    colour= "흰색"
    radius = 10 #cm
    material = "고무"

be=BallExp()
print(be.colour, end=", ")
print(be.radius, end=", ")
print(be.material)

be.colour ="청색 "
be.radius = 20
be.material = "가죽 "
print(be.colour, end=", ")
print(be.radius, end=", ")
print(be.material)
```

위의 실습 프로그램은 개수만 늘어났을 뿐 그 앞의 실습과 동일한 패턴이므로 실습하고 이해하는 데 크게 문제가 되지 않을 것이다.

print() 명령어 뒤에 원래는 ,end = "₩n"이 생략되어 있다. 화면에 출력하고 그 끝에(뒤에) 한 줄 띄우라는("₩n") 일종의 약속문자이다. ,end = 다음에 "₩n" 대신에 다른 문자열을 넣으면 끝에 그 문자열이 붙어서 출력되고 그 다음 print() 명령어는 바로 옆에 계속해서 출력을 하게 된다.

결과적으로 얻어진 내용은 다음과 같다.

실행 결과

```
흰색, 10, 고무
청색, 20, 가죽
```

앞에서는 클래스에 변수가 포함된 경우만 고려했다. 이제 조금 더 확장해서 클래스에 함수도 포함되는 경우를 생각해 보자. 우리에게 너무나도 익숙한 hello()라는 함수를 이 클래스에 포함시켜서 BallHello라는 클래스를 새롭게 정의하면 다음과 같다.

```
class BallHello:
    colour= "흰색"
    radius = 10 #cm
    material = "고무"

    def hello(self):
        print( "hello" )
```

이전에 우리가 정의했던 것과 다른 점은 함수를 호출할 때 매개변수가 필요하지 않은데, self라는 매개변수를 넣어주었다는 것이다. 우리는 함수 이름 부를 때 매개변수를 넣어주지 않지만, 클래스 안에 정의된 함수를 사용할 때 객체 안에서 동작하면서 컴퓨터가 자동으로 자기 자신의 객체(self)를 매개변수에 전달해 준다. 클래스 안에서 함수를 정의할 경우에 외워야 할 패턴이라고 생각해 주기 바란다.

클래스에 포함되어 동작하는 함수를 특별히 메소드(method)라고 부른다는 것을 참고해 두기 바란다.

다음 실습을 통해 위의 클래스 안에 있는 hello()함수의 사용방법을 학습해 보자.

[Prog B.5] BallMove 클래스의 hello()메소드 사용

```
class BallHello:
    colour= "흰색"
    radius = 10 #cm
    material = "고무"

    def hello(self):
        print( "hello" )
bh = BallHello()
bh.hello()
```

실행 결과

```
    hello
```

지금까지 클래스로 정의한 이 공이 움직임을 갖고 우리가 알려준 위치로 굴러가서 멈추는 동작이 있다고 하자. 실제로 공이 굴러가서 멈추는 기능을 코딩하는 것이 아니라 그런 기능을 갖는 함수가 있다고 생각하면 된다. 지금은 문제를 단순화하기 위해 화면에 좌표를 표시하는 것으로 대신한다. 함수 이름은 moveto(x,y)라고 하자.

moveto(x,y)라는 함수를 포함하는 클래스를 정의하면 다음과 같다.

```
class BallMove:
    colour= "흰색"
    radius = 10 #cm
    material = "고무"

    def hello(self):
        print( "hello" )

    def moveto(self, x, y):
        print( "공의 위치는 (" , x  "."  y  ")입니다." )
```

클래스의 함수에서 매개변수를 사용하는 경우, 그 함수를 호출하면 그에 해당하는 객체를 매개변수로 넘겨준다. 첫 번째 매개변수는 사용하든 안 하든 self라는 것으로 자기 자신의 객체를 받아 주어야 한다. 이것도 그냥 외워야 할 패턴이라고 생각해 주기 바란다.

이 클래스를 사용하는 실습을 해보도록 하자.

[Prog B.6] BallMove 클래스의 moveto()메소드 사용

```
class BallMove:
    colour = "흰색"
    radius = 10  # cm
    material = "고무"

    def hello(self):
        print( "hello" )

    def moveto(self, x, y):
        print("공의 위치는(", x, ", ", y ,")입니다.")

bm = BallMove()
bm.moveto(3, 4)
```

실행 결과

```
공의 위치는( 3 ,  4 )입니다.
```

클래스에는 생성자라는 것이 있다. 클래스에 의해 객체가 생성될 때, 초기화해주는 기능을 갖는 것으로, class 안에서 def _ _ init _ _(self)로 표현된다. 일종의 약속 또는 예약어라고 생각하면 된다. 객체가 만들어지면서 바로 실행되는 역할을 하는 메소드이다. 클래스의 초기화 함수라고 생각하면 된다. self는 클래스 자기 자신이라는 뜻이다.

앞서 설명했던 클래스 정의 형식을 다시 한 번 더 생각해 보자. 편의를 위해 다시 나타내면 다음과 같다.

클래스 정의 형식

```
class 클래스이름 :

        (들여쓰기) 클래스에 포함되는 변수(선언)
        (들여쓰기) def _ _ init _ _(self):
        (들여쓰기) (들여쓰기) 클래스이름이 호출될 경우 실행될 내용
          ...
        (들여쓰기) 클래스에 포함되는 함수(정의)
```

위의 형식을 참고로 하면서 공이 만들어질 때, 공의 기본 상태를 표시하면서 (이런) "공이 만들어졌습니다."라고 하는 생성자를 포함하는 완성된 클래스를 정의하면 다음과 같다.

```
class BallFull:
    colour= "흰색"
    radius = 10 #cm
    material = "고무"

    def __init__(self):
        print( "반지름 = " , self.radius, " [cm]" , end = " " )
        print( self.colour, " " , self.material, end = " " )
        print( "공이 만들어졌습니다." )

    def hello(self):
        print( "hello" )

    def moveto(self, x, y):
        print( "공의 위치는 (" , x ","  y ")입니다." )
```

위의 정의가 클래스에 대한 전체 형식을 반영한 일반적인 클래스 정의이다. 이 클래스 정의를 이용하여 다음 실습을 학습해 본다.

[Prog B.7] BallFull 클래스의 사용

```
class BallFull:
    colour="흰색 "
    radius = 10 #cm
    material = "고무 "
    def __init__(self):
        print("반지름= ", self.radius, "  [cm]", end =" ")
        print( self.colour, " ", self.material, end =" ")
        print("공이 만들어졌습니다.")
    def hello(self):
        print("hello")
    def moveto(self, x, y):
        print("공의 위치는(", x, "," ,y, ")입니다.")

bf = BallFull()
bf.hello()
bf.moveto(3, 4)
bf.colour="청색 "
bf.radius = 5 #cm
bf.material = "가죽 "
print("반지름= ", bf.radius, "  [cm]", end =" ")
print( bf.colour, " ", bf.material, end =" ")
print("공으로 변경되었습니다.")
```

이 프로그램에 대한 실행 결과는 다음과 같다.

실행 결과

```
반지름 =  10   [cm] 흰색   고무 공이 만들어졌습니다.
hello
공의 위치는 ( 3 , 4 )입니다.
반지름 =  5   [cm] 청색   가죽 공으로 변경되었습니다.
```

이번 부록 B에서는 클래스에 관하여 알아보았다. 처음 접하는 경우에는 생소한 개념으로 받아들이게 되어 어렵다고 느껴질 수 있다. 하지만 중급 이상의 깊이 있는 코딩을 위해 클래스는 반드시 알아야 하는 내용이므로 다소 복잡하고 난해하다고 외면하지 말고 많은 실습을 통해 익숙해지기를 바란다.

학습 메모

부록 C 리스트, 튜플, 딕셔너리

C.1 리스트 개념과 형식

리스트는 하나의 이름으로 여러 개수의 재료를 담을 수 있는 붙어 있는 그릇 세트라고 생각하면 된다. 리스트의 개념을 그림으로 표현하면 다음 그림 C.1과 같다.

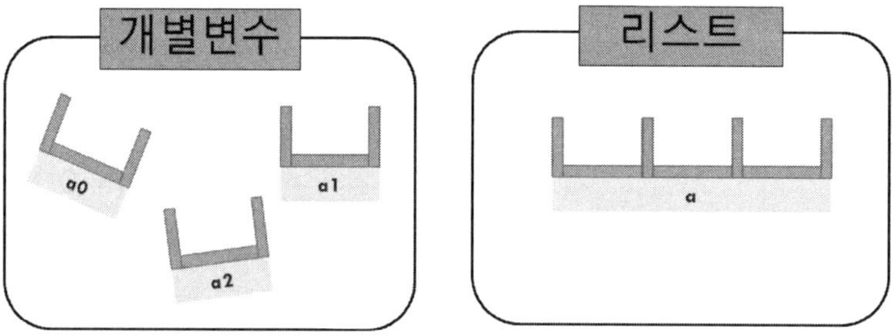

[그림 C.1] 리스트 개념

리스트 정의 형식은 다음과 같다.

리스트 정의 형식
#대괄호 '[ ]' 사용
리스트이름 = [값0, 값1, 값2, ... ,값n]

예를 들어 다음과 같이 선언해서 사용하면 된다.

```
a=[False, False, True, True, True]
```

많은 수를 정의해서 사용해야 하는 경우에는 다음과 같이 사용할 수 있다.

```
a=[]
for i in range(20)
    a.append(True)
```

우선 a = []에 의해 빈 리스트가 만들어지고, 이후로 .append()에 의해 그 리스트의 맨 마지막 0번째부터 한 칸씩 차례로 끝에 추가되면서 리스트가 만들어지게 된다. 이것도 일종의 코딩 패턴이라고 생각해 주기 바란다.

또 다른 방법이 있다. 파이썬은 리스트 덧셈과 곱셈 개념이 있다. 산술연산과는 다르게 덧셈은 리스트 추가, 곱셈은 정수만 곱할 수 있는데 그 횟수만큼 추가된다. 예를 들어 다음과 같이 사용된다.

```
a=[False, False] + [True]*18
```

또 한 가지 방법이 더 있는데 한줄 for문이다. 이것 또한 많이 나오는 형식으로 알아두면 학습에 많은 도움이 될 것이다.

```
a=[True for i in range(20)]
```

이해를 돕기 위해 위의 내용을 프로그램으로 작성하고, 그 내용을 화면에 표시하는 실습을 수행해 보자. 해당 프로그램은 다음과 같다.

[Prog C.1] 리스트 만들기

```
a=[False, False, True, True, True]
print(a)

a=[]
for i in range(20) :
    a.append(True)
print(a)

a=[False, False] + [True]*18
print(a)
```

```
a=[True for i in range(20)]
print(a)

a=[0, 1, 2, 3, 4]
print(a)

a=[]
for i in range(20) :
    a.append(i)
print(a)

a=[0, 1] + [2, 3, 4]*6
print(a)

a=[i for i in range(20)]
print(a)
```

실행 결과

```
[False, False, True, True, True]
[True, True, True, True, True, True, True, True, True, True, True, True, True, True, True,
 True, True, True, True, True]
[False, False, True, True, True, True, True, True, True, True, True, True, True, True,
 True, True, True, True, True, True]
[True, True, True, True, True, True, True, True, True, True, True, True, True, True, True,
 True, True, True, True, True]
[0, 1, 2, 3, 4]
[0, 1, 2, 3, 4, 5, 6, 7, 8, 9, 10, 11, 12, 13, 14, 15, 16, 17, 18, 19]
[0, 1, 2, 3, 4, 2, 3, 4, 2, 3, 4, 2, 3, 4, 2, 3, 4, 2, 3, 4]
[0, 1, 2, 3, 4, 5, 6, 7, 8, 9, 10, 11, 12, 13, 14, 15, 16, 17, 18, 19]
```

프로그램 코드와 그 결과와의 관계를 잘 살펴보고 이런 코드에 이런 결과가 나온다는 것을 기억해 두기 바라며, 왜 이러한 결과가 나오는지 잘 생각해 보기 바란다.

C.2 리스트 사용방법

지금까지 리스트를 정의하는 방법에 대해 알아보았다. 그렇다면 리스트를 사용할 때는 어떻게 할까? 리스트 사용방법은 다음과 같다.

변수 = 리스트이름[리스트 색인]

리스트 색인은 0부터 시작한다. 리스트가 가지고 있는 원소의 개수보다 더 큰 색인을 사용하면 오류가 난다. 색인이 0부터 시작하므로 최대 색인 값은 원소의 개수-1이 된다. 다음 프로그램을 실습해 보자.

[Prog C.2] 리스트 사용하기

```
a=[False, False, True, True, True]
print(a[2])

a=[0, 1, 2, 3, 4]
print(a[3])

a=[i for i in range(20)]
for i in range(5):
    print( "a 리스트에서 색인 {}에 해당하는 값은 {}입니다."
            .format(i, a[i]))
```

실행 결과

```
True
3
a 리스트에서 색인 0에 해당하는 값은 0입니다.
a 리스트에서 색인 1에 해당하는 값은 1입니다.
a 리스트에서 색인 2에 해당하는 값은 2입니다.
a 리스트에서 색인 3에 해당하는 값은 3입니다.
a 리스트에서 색인 4에 해당하는 값은 4입니다.
```

파이썬 코딩에서 리스트는 매우 많이 사용되므로 잘 알아두기 바란다.

C.3 튜플 개념과 형식

튜플은 리스트와 거의 유사하다. 즉, 개념적으로 리스트와 같이 여러 가지의 음식재료를 담는 그릇 세트라고 생각하면 별 어려움이 없을 것이다. 그러면 왜 튜플을 사용하는가? 튜플은 원소 값을 지우거나 변경할 수 없다. 따라서 프로그램에서 원소 값의 변동이 일어나면 안 되는 경우에 리스트 대신 튜플로 구분해서 사용한다. 리스트와 구분하기 위해 리스트가 대괄호 '[ ]'를 사용하는 대신, 튜플은 소괄호 '()'를 사용한다. 튜플을 정의할 경우(변수에 대입할 때), 소괄호는 생략할 수 있다. 다음은 튜플의 정의 형식이다.

튜플 정의 형식

#소괄호 '( )' 사용
튜플이름 = (값0, 값1, 값2, ... ,값n)

예를 들어 다음과 같이 정의해서 사용할 수 있다.

```
tu_a = (1, 2, 3, 4, 5)
tu_b = 6, 7, 8, 9, 10    #소괄호 생략 가능
```

C.4 튜플 사용방법

튜플 사용은 리스트와 같이 대괄호 안에 색인(index)을 사용하여 원소를 나타낸다. 예를 들어 tu_a의 첫 번째 원소인 1은 tu_a[0]으로 사용할 수 있고 세 번째 원소인 3은 tu_a[2]로 코딩할 수 있다.

튜플은 특정 원소를 지우거나 변경할 수는 없지만 다음과 같이 두 개의 튜플을 더해서 새로운 튜플을 생성할 수는 있다.

```
tu_c = tu_a + tu_b
tu_d = tu_b + (11, 12, 13, 14, 15) #이 경우는 소괄호 생략 안 됨
```

다음의 프로그램 코드는 오류가 난다.

```
tu_e = tu_a + (100)
```

왜냐하면 100 또는 (100)은 튜플로 인식하지 않기 때문이다. 하나의 원소를 튜플로 인식시켜주기 위해서는 다음과 같이 원소 끝에 쉼표(‘, ’)를 붙여서 튜플이라는 것을 알려 주어야 한다.

```
tu_e = tu_a + (100,)
```

다음과 같은 경우의 자료형을 살펴보자.

```
a, b, c = 1, 2, 3
print(type(a), type(b), type(b))
```

a, b, c는 정수형으로 출력된다.

다시 다음을 살펴보자.

```
a, b, c = (1, 2, 3)
print(type(a), type(b), type(b))
```

여전히 a, b, c는 정수형으로 출력된다. 튜플의 원소를 개별로 변수에 대입하는 개념이다. 그 원소가 정수형이므로 a, b, c도 튜플이 아니고 정수형이다. 결국 다음과 같이 사용할 수 있다.

```
a, b, c, d, e = tu_a
print(a, b, c, d, e)
```

당연히 좌변의 변수 개수와 우변의 튜플 원소 개수가 같아야 한다. 리스트와 마찬가지로 정수 곱셈으로 다음과 같이 새로운 튜플을 만드는 것도 가능하다.

```
tu_m = (1, 2, 3)
tu_3m = tu_m*3
print(tu_3m)
```

튜플은 리스트에 비해 사용 용도가 떨어지므로 이런 게 있구나 하고 참고만 하면 된다.

C.5 딕셔너리 개념과 형식

리스트의 색인은 0부터 차례로 숫자로만 되어 있는데 컴퓨터에서 자료를 처리하다 보면 색인 대신에 '이름'이라든지 옷의 크기라든지 또는 반 학생의 이름과 반 번호 등 연관된 자료들의 표현이 필요한 경우가 많다. 이때 리스트의 색인에 해당하는 key라는 것과 그 색인이 가리키는 그릇의 내용에 해당하는 값(value)을 연관시켜 리스트와 유사하게 모아 놓은 것을 딕셔너리라고 한다. 리스트가 대괄호 '[]'를 사용하고 튜플은 소괄호 '()'를 사용한다면, 딕셔너리는 중괄호 '{}'를 사용한다.

딕셔너리의 정의 형식은 다음과 같다.

딕셔너리 정의 형식

#중괄호 '{ }' 사용
딕셔너리이름 = { key0:value0, key1:value1, ... ,keyn : valuen }

예를 들어 다음과 같은 딕셔너리 변수를 만들 수 있다.

```
dic1={'a':1, 'b':2, 'c':3}
```

이때 key는 'a', 'b', 'c'이고 value는 1, 2, 3이다.

C.6 딕셔너리 사용방법

리스트나 튜플의 사용방법에서 대괄호에 색인을 넣어 주었듯이 딕셔너리는 다음과 같이 대괄호에 key값을 넣어서 내용(value)을 읽어 들인다.

```
va=dic1['a']
print(va)
```

딕셔너리도 리스트와 마찬가지로 값을 변경하거나 삭제, 추가할 수 있다.

딕셔너리 값의 변경 : dic1['a']=100
딕셔너리 값의 추가 : dic1['e']=5
딕셔너리 원소 삭제 : del dic1['b']

다음과 같이 빈 딕셔너리를 만들고 값을 추가하면서 딕셔너리를 만들어갈 수도 있다.

```
dic2={}
dic2['g']=5
dic2['h']=10
dic2['i']=15
…
```

딕셔너리에서 key값만 뽑아낼 때는 다음과 같이 keys()메소드를 사용한다.

```
dic_keys=dic1.keys()
```

마찬가지로 value값만 뽑아낼 때는 values() 메소드를 사용한다.

```
dic_values=dic1.values()
```

key와 value를 쌍으로 뽑아내고 싶을 때는 items()메소드를 사용한다.

```
dic_items=dic1.items()
```

만약에 딕셔너리에 없는 키에 해당하는 값을 읽으려고 하면 오류가 난다. 다음 프로그램 코드를 실행시켜 보자.

```
y=dic1['x']
```

딕셔너리 dic1에 x라는 key가 없기 때문에 오류가 난다. 이러한 경우 get()이라는 메소드를 사용하면 key가 없는 경우 오류가 나지 않고 None이 반환된다. 다음과 같이 사용하면 된다.

```
y=dic1.get('x')
```

이러한 내용을 바탕으로 다음 프로그램을 실습해 보자.

[Prog C.3] 딕셔너리 사용하기

```
a=[1, 2, 3]
b=a*3 +[4, 5, 6]
print(b)

dic1={}
for i in b:
    if dic1.get(i) == None:
        dic1[i]=0  #딕셔너리에 key값이 없으면 만들어서 0 추가
    else:
        dic1[i]=1 #i라는 key값이 존재한다는 뜻
                  #그 key에 해당하는 value값을 1로 만든다.

print(dic1)
```

실행 결과

```
[1, 2, 3, 1, 2, 3, 1, 2, 3, 4, 5, 6]
{1: 1, 2: 1, 3: 1, 4: 0, 5: 0, 6: 0}
```

위의 프로그램을 조금 변경하여 다음과 같이 주어진 리스트 원소 값의 개수가 몇 개인지 셀 수 있다.

[Prog C.4] 원소 값의 개수 세기

```
a=[1, 2, 3]
b=a*3 +[4, 5, 6]
print(b)

dic1={}
for i in b:
    if dic1.get(i) == None:
        dic1[i]=1  #딕셔너리에 key값이 없으면 만들어서 0 추가
    else:
        dic1[i]=dic1[i]+1 #i라는 key값이 존재한다는 뜻
                #그 key에 해당하는 value값을 1 증가.

print(dic1)
```

지금까지 리스트, 튜플, 딕셔너리에 대해서 알아보았다. 앞에서도 언급한 바와 같이 필자의 경험상 프로그램 언어를 익힐 경우에는 모든 문법을 완벽하게 배운 후 응용 프로그램을 작성하기보다는 응용 프로그램을 작성하면서 필요할 때마다 문법을 찾아보고 익히는 것이 더 학습효과가 높다고 판단하였다. 이에 따라 우선 본문에서 주어진 프로그램을 따라해 본 다음, 문법이나 이해가 필요한 부분은 부록에서 별도로 학습하는 것을 재차 강조한다.

일반적인 파이썬 교재에서는 매우 많은 시간과 지면을 할애하면서 중요하게 다루는 부분이므로 무시하고 넘어갈 수는 없지만, 본 교재는 일단 주어진 프로그램을 따라해 보고 그 과정에서 파이썬 코딩을 배우는 학습방법을 추구하고 있으므로 일단 이런 것이 있다는 정도만 알아두고, 프로그램 작성 시 필요할 때마다 부록을 찾아보면서 학습하면 되겠다.

학습 메모

부록 D numpy

D.1 numpy 모듈 설치하기

파이썬 IDE인 파이참을 실행시키고 File메뉴를 선택한다. 실행된 그림은 다음과 같다.

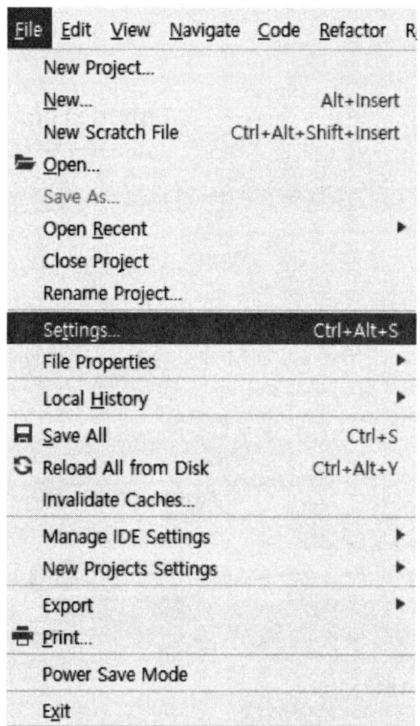

[그림 D.1] 파이참 File메뉴

그림 D.1의 File메뉴에서 Settings...를 선택하면 다음과 같은 창이 나타난다.

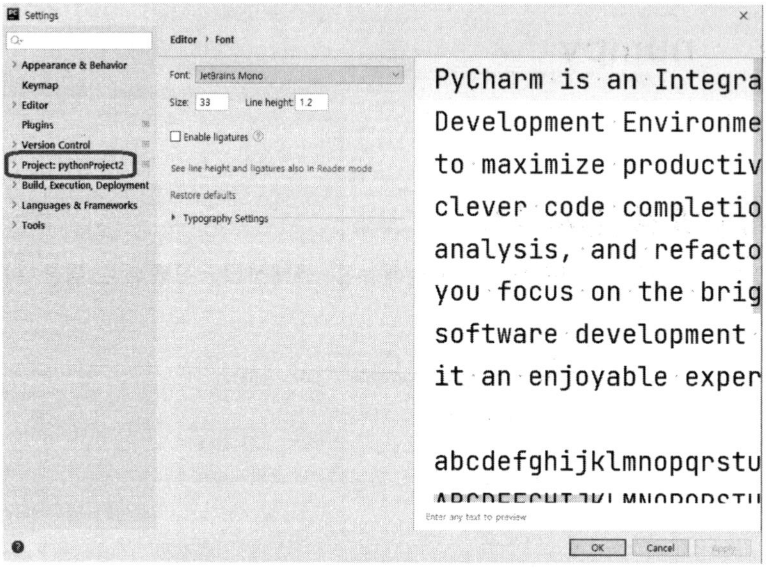

[그림 D.2] Settings... 하위메뉴 창

위의 그림 D.2에서 〉project 부분을 클릭하면 화면이 다음 그림 D.3과 같이 변경된다.

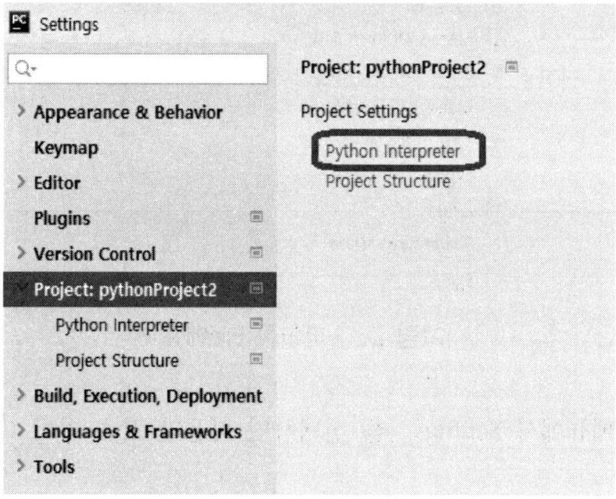

[그림 D.3] Settings...창의 Project 메뉴

그림 D.3에서 Python Interpreter를 선택하면 다음과 같은 화면이 나타난다.

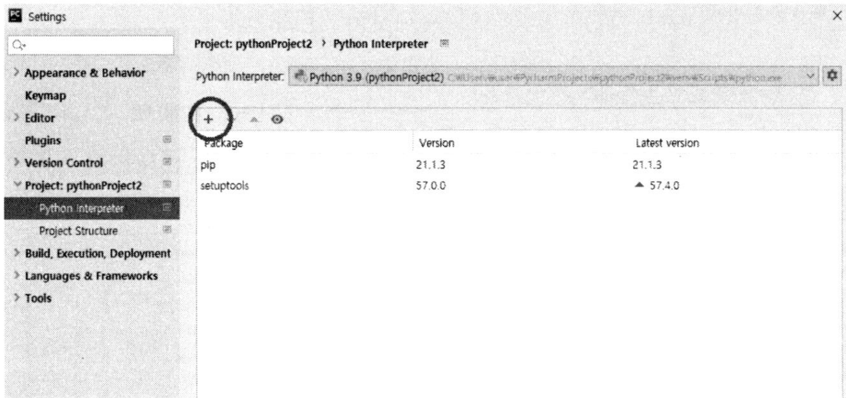

[그림 D.4] Python Interpreter 설정 창

그림 D.4에서 + 부분을 클릭하면 다음과 같은 창이 나타난다.

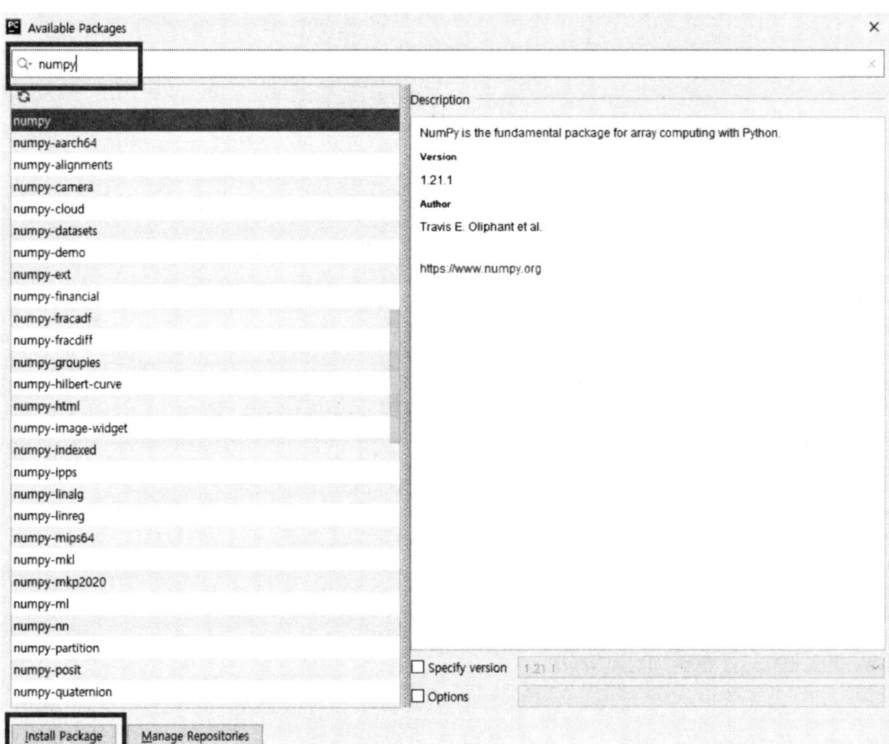

[그림 D.5] 파이썬 패키지 설정 창

그림 D.5에서 패키지 검색창에 numpy라고 입력하고 화면이 그림 D.5와 같이 numpy가 선택되었는지 확인한 후 Install Package 버튼을 클릭한다. 잠시 기다리면 다음 그림과 같이 패키지 설치가 완료된다.

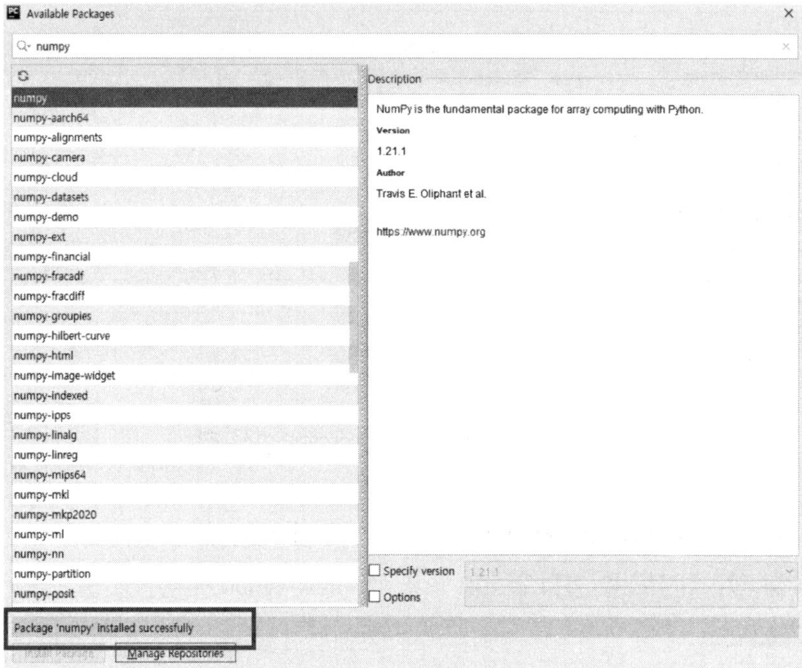

[그림 D.6] numpy 패키지 설치 완료화면

설치가 완료되면 그림 D.6에서 볼 수 있듯이 Package 'numpy' installed successfully라는 메시지를 확인할 수 있다. 설치가 끝난 것이므로 창을 닫으면 된다.

이제 다음 프로그램을 실행시켜 보자.

[Prog D.1] numpy모듈의 array() 메소드

```
import numpy as np
a_list = [2, 3, 5, 7, 11]
a_np_array = np.array([2, 3, 5, 7, 11])
print(a_list, a_np_array)
print(type(a_list), type(a_np_array))
```

첫 줄의 import numpy as np는 방금 전에 설치한 numpy 모듈을 np라는 이름으로 사용하겠다는 것을 컴퓨터에 알려주는 명령어이다. np는 마음대로 이름 지어도 되는데 대부분의 사용자들이 줄여서 np로 사용하고 있으므로 이 문장 또한 하나의 패턴으로 생각해주면 좋겠다. 그 다음 줄은 파이썬의 일반 리스트를 numpy의 array로 변경하는 메소드이다. 일반 리스트와 거의 동일하므로 이해하는 데 어려움이 없을 것이다.

출력 결과를 통해 일반 리스트와 약간 다르다는 것을 비교해 보기 바란다(대괄호 '[ ]'로 표현된다는 것은 동일하지만, 리스트는 콤마 ', '로 구분되고 array는 한 칸 띄기(space bar) ' '로 구분된다는 차이가 있다).

자료 형태를 알아보는 type()이라는 함수를 이용해서 일반 리스트와 numpy의 arrary 차이점도 참고로 알아두면 좋겠다. 매번 강조하는 바와 같이 자꾸 프로그램을 실행시켜 보고 '이렇게 명령을 내리면 이런 결과가 나오는구나'라고 자꾸 실행 결과를 눈여겨보면서 자연스럽게 몸에 배도록 해주면 좋겠다.

위 프로그램의 실행 결과는 다음과 같다.

실행 결과

```
[2, 3, 5, 7, 11] [ 2  3  5  7 11]
<class 'list'> <class 'numpy.ndarray'>
```

numpy에서 순서대로 값을 채워 넣는 arange()를 알아보자. 파이썬의 일반함수인 range()와 사용방법이 유사하므로, 바로 다음 실습을 통해 그 기능을 금방 이해할 수 있을 것이다.

[Prog D.2] numpy모듈의 arange() 메소드

```
import numpy as np
a = np.arange(5)
b = np.arange(2, 15, 3)
print(a, b)
print(type(a), type(b))
```

실행 결과

```
[0 1 2 3 4] [ 2  5  8 11 14]
<class 'numpy.ndarray'> <class 'numpy.ndarray'>
```

numpy에서 같은 값을 채워 넣는 full() 메소드에 대해 알아보자. 2개의 파라미터가 사용되며 첫 번째는 원소의 개수, 두 번째는 채워지는 값이 들어간다. 사용법을 다음 프로그램을 통해 직접 실습해 보자.

[Prog D.3] numpy모듈의 full() 메소드

```
import numpy as np
a = np.full(5, True)
print(a)
print(type(a))
```

실행 결과

```
[ True  True  True  True  True]
<class 'numpy.ndarray'>
```

또 다른 메소드를 알아본다. numpy array 맨 끝의 원소에 다른 원소를 추가할 때 append()라는 메소드를 사용한다. 사용법은 다음과 같다.

arr1 = np.append(arr1, value)

여기서, arr1은 numpy array이고, value는 arr1 맨 뒤에 추가하고자 하는 원소 값이다. 이전의 arr1에 새로운 value를 추가해서 현재의 arr1을 만들라는 뜻이다. 예를 들어 빈 array를 만들고 상황에 따라 원소 값을 추가해 나가는 경우의 프로그램은 다음과 같다. 실습을 통해 사용법을 학습해 보자.

[Prog D.4] numpy모듈의 append() 메소드

```
import numpy as np
a = np.array([])
print(a)

for i in range(5):
a = np.append(a, i)
print(a)
```

실행 결과

```
[]
[0.]
[0. 1.]
[0. 1. 2.]
[0. 1. 2. 3.]
[0. 1. 2. 3. 4.]
```

소수점이 붙은 이유는 컴퓨터가 (정확하게는 파이썬이) 빈 array '[]'의 데이터 형을 소수점이 있는 실수형으로 생각했기 때문이다. array메소드에서 두 번째 파라미터를 생략하면 주어진 원소의 데이터 형으로 만들어 주는데, 비어 있는 경우는 원소의 데이터 형태를 모르기 때문에 실수형으로 잡은 것이다. 이는 다음과 같이 array()메소드의 두 번째 파라미터를 지정해 주면 된다. 보통 정수형은 int, 실수형은 float, (부호 없는) 양의 정수는 uint로 해주면 된다. dtype의 자세한 내용은 다른 문헌을 참고하기 바란다.

```
a = np.array([], dtype ='uint'))
```

어떤 array를 빈 (NULL) 것으로 만드는 또 다른 방법은 다음과 같이 empty()라는 메소드를 이용하는 것이다. 임의의 array를 만들 때 참고하면 된다.

```
a = np.empty(0, dtype ='uint'))
```

양의 정수형을 갖는 원소가 0개인 빈 array를 만들라는 명령이다. 이제 다시 [Prog D.4]를 위의 내용으로 변경한 프로그램은 다음과 같다.

[Prog D.5] numpy모듈의 append() 메소드

```
import numpy as np
a = np.empty(0, dtype = 'uint' )
print(a)

for i in range(5):
    a = np.append(a, i)
    print(a)
```

실행 결과

```
[]
[0]
[0 1]
[0 1 2]
[0 1 2 3]
[0 1 2 3 4]
```

이외에도 많은 numpy 관련 메소드가 있지만 지면 관계상 일일이 소개하기가 어려우며, 코딩 문제를 풀면서 numpy 관련 내용이 필요할 때 학습하기로 하고 이번 부록은 여기서 마친다.

학습 메모

부록 E matplotlib

E.1 matplotlib 모듈 설치하기

파이썬 IDE인 파이참을 실행시키고 File메뉴를 선택한다. 실행된 그림은 다음과 같다.

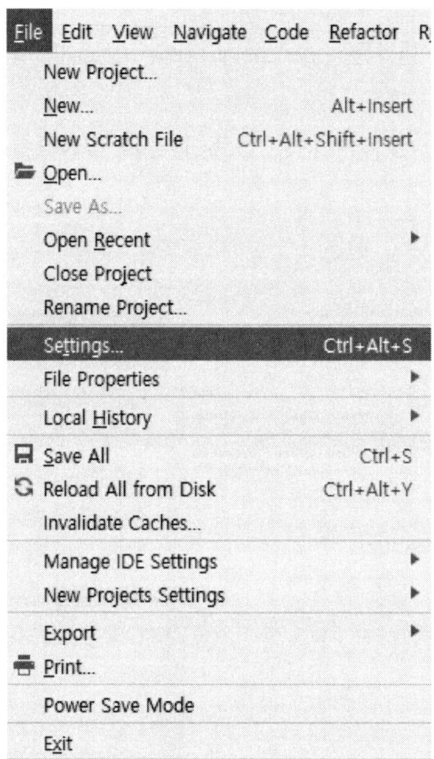

[그림 E.1] 파이참 File메뉴

그림 E.1의 File메뉴에서 Settings...를 선택하면 다음과 같은 창이 나타난다.

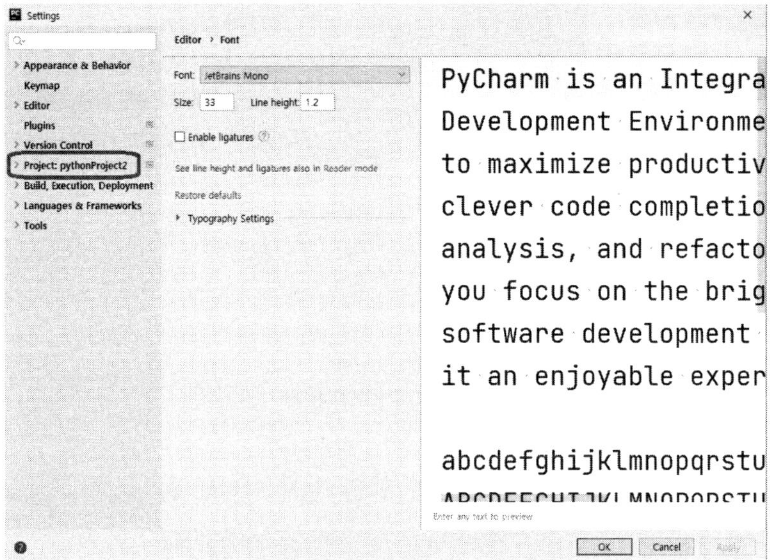

[그림 E.2] Settings... 하위메뉴 창

위의 그림 E.2에서 〉project 부분을 클릭하면 화면이 다음 그림 E.3과 같이 변경된다.

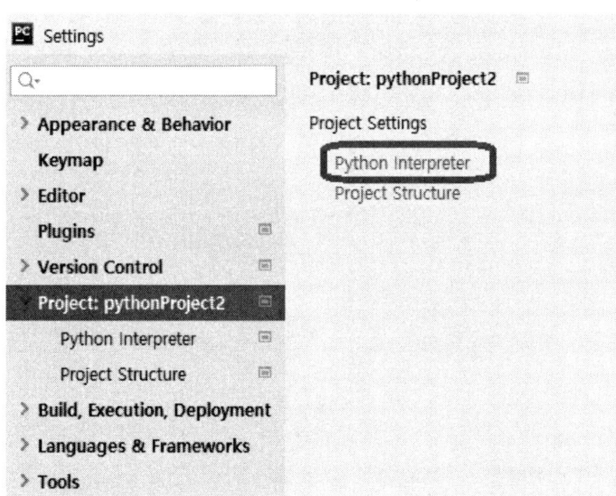

[그림 E.3] Settings...창의 Project 메뉴

그림 E.3에서 Python Interpreter를 선택하면 다음과 같은 화면이 나타난다.

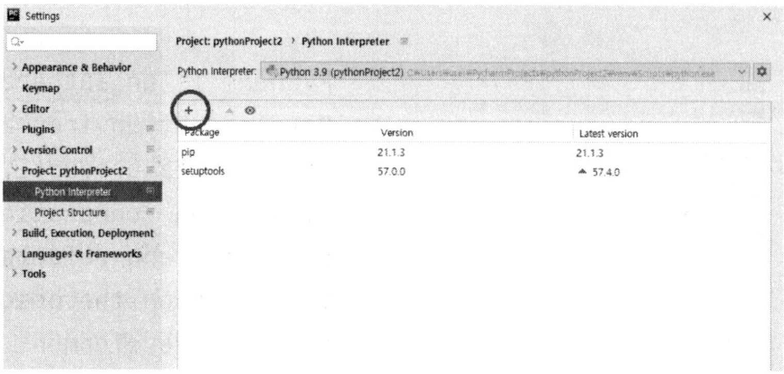

[그림 E.4] Python Interpreter 설정 창

그림 E.4에서 + 부분을 클릭하면 다음과 같은 창이 나타난다.

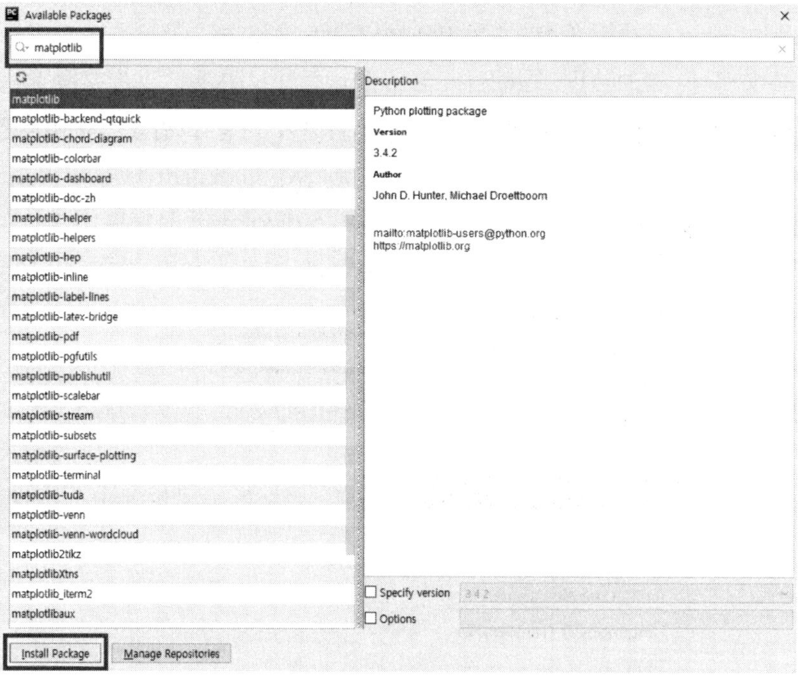

[그림 E.5] matplotlib 패키지 설치

그림 E.5에서 패키지 검색창에 matplotlib라고 입력하고 화면이 그림 E.5와 같이 matplotlib가 선택되었는지 확인한 후 Install Package 버튼을 클릭한다. 잠시 기다리면 다음 그림과 같이 패키지 설치가 완료된다.

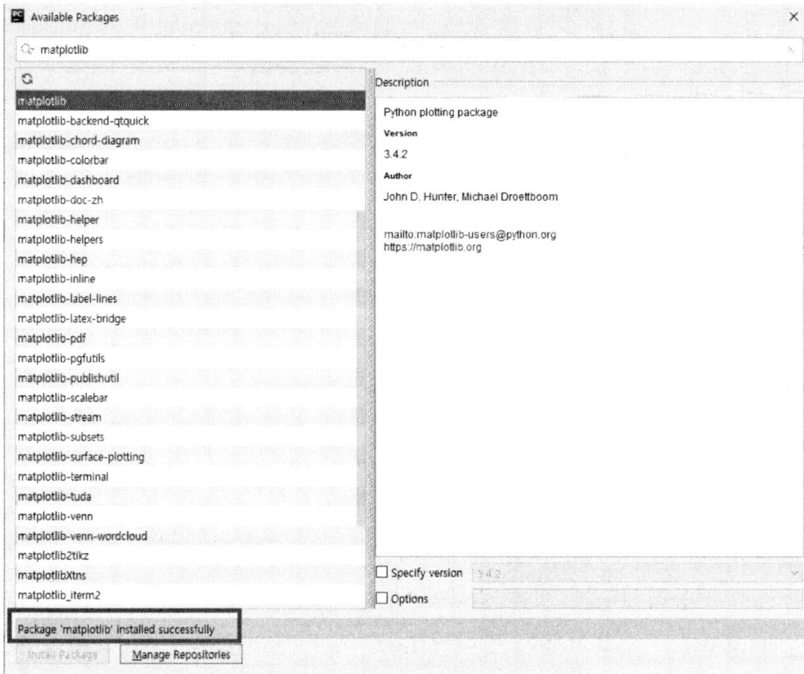

[그림 E.6] 패키지 설치 완료

설치가 완료되면 그림 E.6에서 볼 수 있듯이 Package 'matplotlib' installed successfully 라는 메시지를 확인할 수 있다. 설치가 끝난 것이므로 창을 닫으면 된다.

matplotlib를 사용해서 그래프를 그리는 형식은 다음과 같다.

그래프 그리기 형식

```
import matplotlib.pyplot as plt

x = x축 데이터
y = y축 데이터
plt.plot(x,y)
plt.show()
```

이제 위의 형식을 이용해서 다음 프로그램을 실행시켜 보자.

[Prog E.1] matplotlib 사용하기 (그래프 직선)

```
import numpy as np
import matplotlib.pyplot as plt

x = np.arange(-10, 10+1)
y = 0.5*x +1

plt.plot(x,y)
plt.show()
```

첫 줄의 import numpy as np는 x축 데이터와 y축 데이터를 준비하기 위해서 numpy모듈을 np라는 이름으로 사용하겠다는 것을 컴퓨터에 알려주는 명령어이다. np는 마음대로 이름 지어도 되는데 대부분의 사용자들이 줄여서 np로 사용하고 있으므로 이 문장 또한 하나의 패턴으로 생각해주면 좋겠다.

두 번째 줄의 import matplotlib.pyplot as plt 역시 준비된 x축 데이터와 y축 데이터를 그래프로 나타내기 위해서 matplotlib.pyplot이라는 모듈을 plt라는 이름으로 사용하겠다는 것을 컴퓨터에 알려주는 명령어이다. plt 또한 마음대로 이름 지어도 되는데, 대부분의 사용자들이 줄여서 plt로 사용하고 있으므로 이 문장 또한 하나의 패턴으로 생각해주면 좋겠다.

그 다음 줄은 파이썬의 x와 y 데이터를 numpy의 array로 만들어 주는 것이다. 그 다음 형식에서 보았던 plot(x, y)와 show()이다. 좌표를 계산해서 그래프를 만들고 그것을 화면에 보여주는 기능을 한다.

위 프로그램의 실행 결과는 다음과 같다.

실행 결과

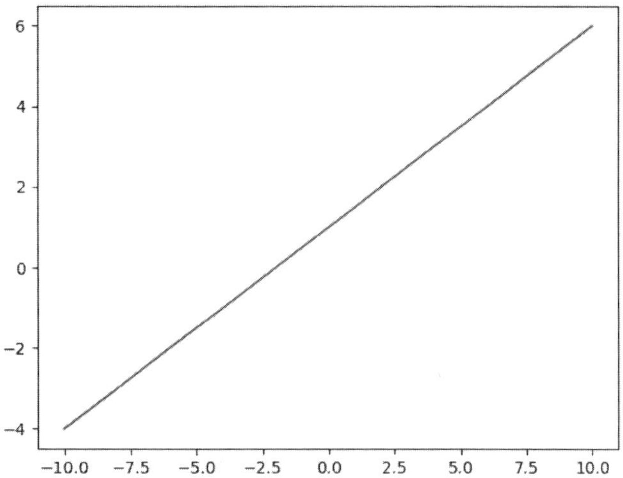

위의 실행 결과를 보면, 몇 개의 점만 자료로 넣어 주었는데, 그 점들을 연결해서 직선으로 보여주고 있다. 우리가 보고 싶은 1차함수의 그래프이지만 만일 점만 표시하고 싶은 경우에는 다음과 같이 plot() 메소드 옵션을 추가해 주면 된다.

plt.plot(x, y, linestyle='none', marker='x')

이 명령어로 다시 프로그램을 실행시켜 보자. 동그란 점을 사용하고 싶으면 marker에 'x' 대신에 'o'를 사용할 수도 있다. 큰 의미는 없으므로 본인의 취향에 따라 선택해서 사용하면 된다.

[Prog E.2] matplotlib 사용하기2 (좌표에 점찍기)

```
import numpy as np
import matplotlib.pyplot as plt

x = np.arange(-10, 10+1)
y = 0.5*x +1

plt.plot(x, y, linestyle= 'none' , marker= 'x' )
plt.show()
```

실행 결과

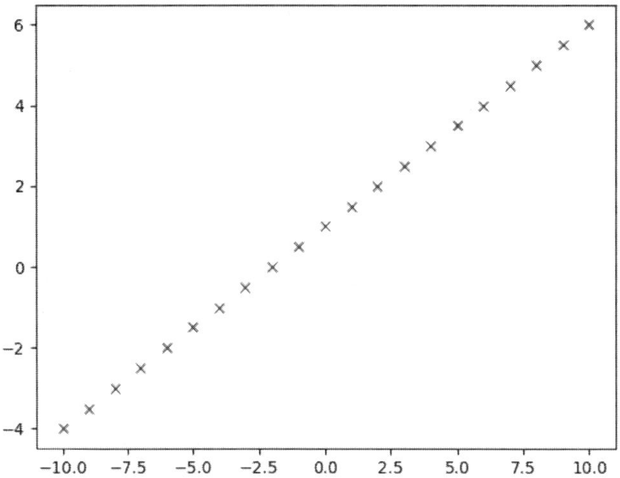

위의 실행 결과를 보면 x축은 우리가 입력 데이터를 준 것으로, -10에서 +10의 범위를 갖는데, y축은 계산된 결과로 자동으로 -4에서 6의 범위를 갖는다. 이런 상황에서 1차함수의 기울기를 보고 싶기 때문에, y축도 -10에서 +10의 범위로 하고 싶다. 이렇듯 경우에 따라 x축의 범위와 y축의 범위를 수동으로 변경해 주고 싶을 경우에 xlim()과, ylim()이라는 메소드를 사용하여 범위를 수동으로 변경해 줄 수 있다.

또 한 가지 xticks()와 yticks()라는 메소드가 있는데, 축의 간격을 수동으로 설정해 주는 메소드이다. 다음 프로그램을 실행시켜 보고, 위의 실행 결과와 비교해 보기 바란다.

[Prog E.3] x축과 y축 범위와 간격 수동으로 설정하기

```
import numpy as np
import matplotlib.pyplot as plt

x = np.arange(-10, 10 + 1)
y = 0.5 * x + 1

plt.xlim(-10, 10); plt.xticks(np.arange(-10, 11))
plt.ylim(-10, 10); plt.yticks(np.arange(-10, 11))
plt.plot(x, y)
plt.show()
```

실행 결과

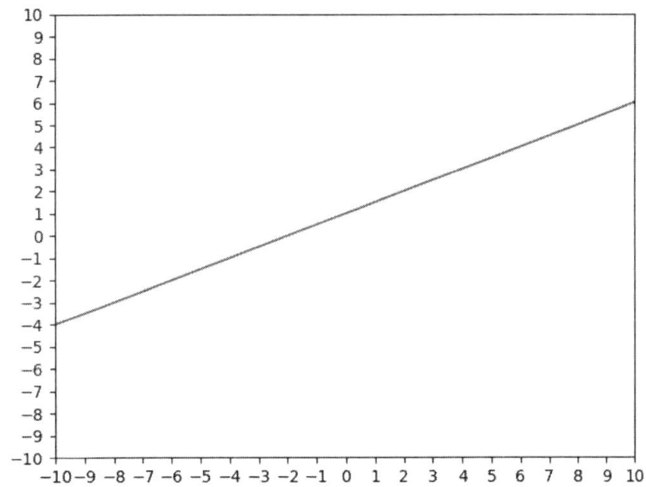

점과 직선을 함께 표시하고 싶은 경우가 있을 경우, 다음의 명령어를 사용하면 된다.

```
plt.plot(x, y, marker='x')
```

또한 점을 찍는 메소드로 scatter라는 것이 있다. 위의 명령어는 다음과 같이 변경할 수도 있다.

```
plt.scatter(x,y)
plt.plot(x, y)
```

프로그램 코딩은 패턴을 외우는 것이라고 했다. 그래프에 점과 선을 나타낼 때 어떤 것을 사용할지는 본인의 취향이므로 잘 외워지는 것을 선택하면 된다.

이상으로 주어진 데이터를 그래프로 나타내는 matplotlib에 관하여 학습하였다. 기본적인 것은 배웠으므로 사용하는 데 큰 문제는 없을 것으로 판단된다. 더 자세한 내용은 코딩 문제를 풀면서 필요할 때 실습을 통해 익히기를 바란다.

학습 메모

부록 F pygame

F.1 pygame 모듈 설치하기

파이썬 IDE인 파이참을 실행시키고 File메뉴를 선택한다. 실행된 그림은 다음과 같다.

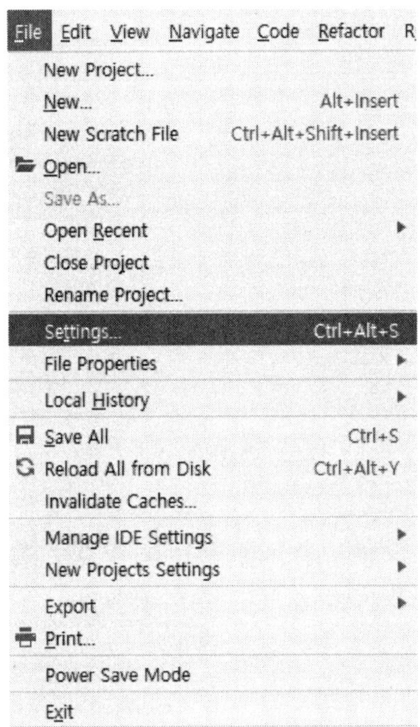

[그림 F.1] 파이참 File메뉴

그림 F.1의 File메뉴에서 Settings...를 선택하면 다음과 같은 창이 나타난다.

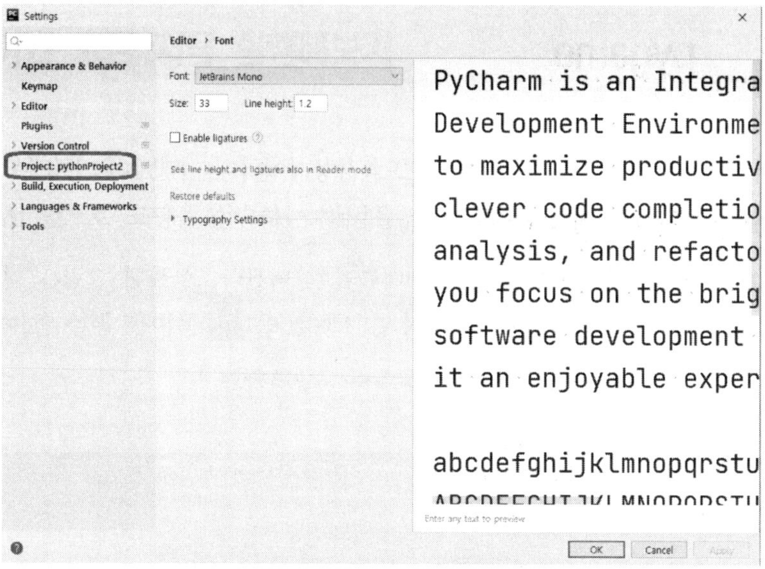

[그림 F.2] Settings... 하위메뉴 창

위의 그림 F.2에서 〉project 부분을 클릭하면 화면이 다음 그림 F.3과 같이 변경된다.

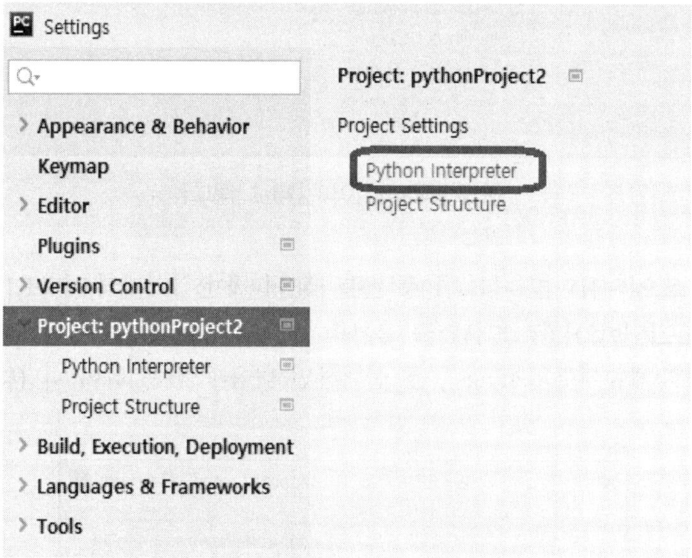

[그림 F.3] Settings...창의 Project 메뉴

그림 F.3에서 Python Interpreter를 선택하면 다음과 같은 화면이 나타난다.

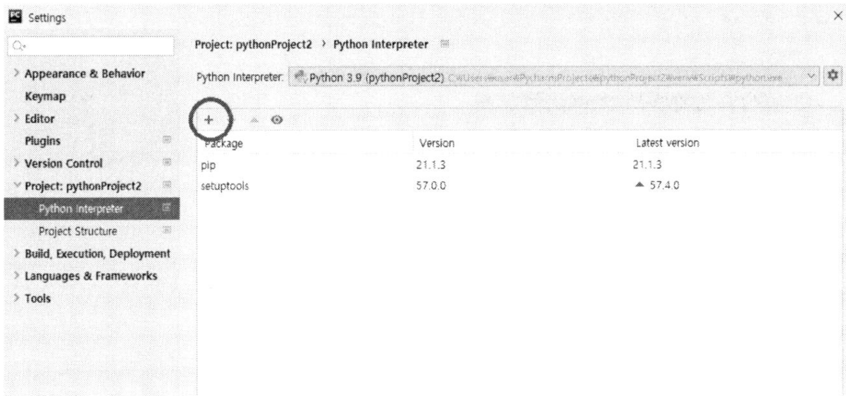

[그림 F.4] Python Interpreter 설정 창

그림 F.4에서 + 부분을 클릭하면 다음과 같은 창이 나타난다.

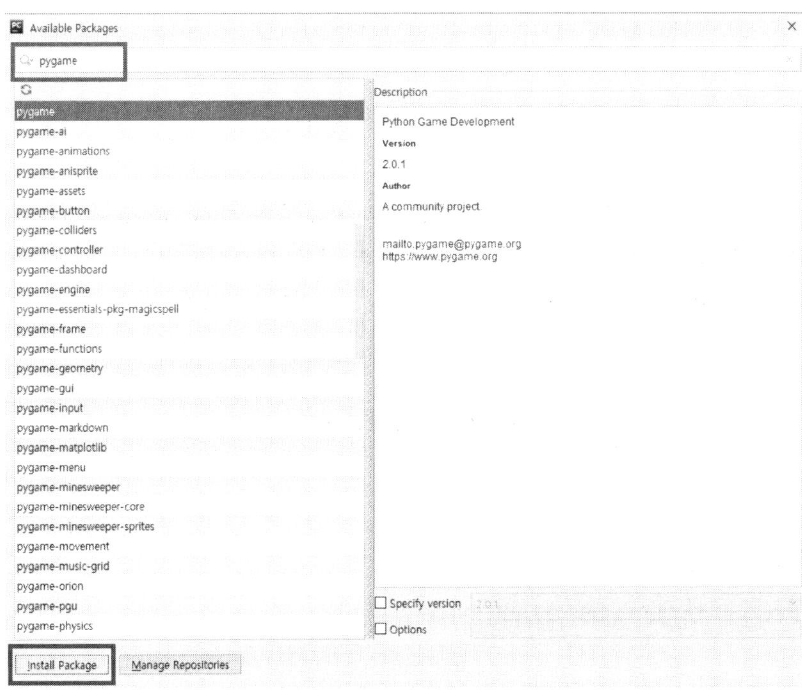

[그림 F.5] pygame 설치

그림 F.5에서 패키지 검색창에 pygame라고 입력하고 화면이 그림 F.5와 같이 pygame이 선택되었는지 확인한 후 Install Package 버튼을 클릭한다. 잠시 기다리면 다음 그림과 같이 패키지 설치가 완료된다.

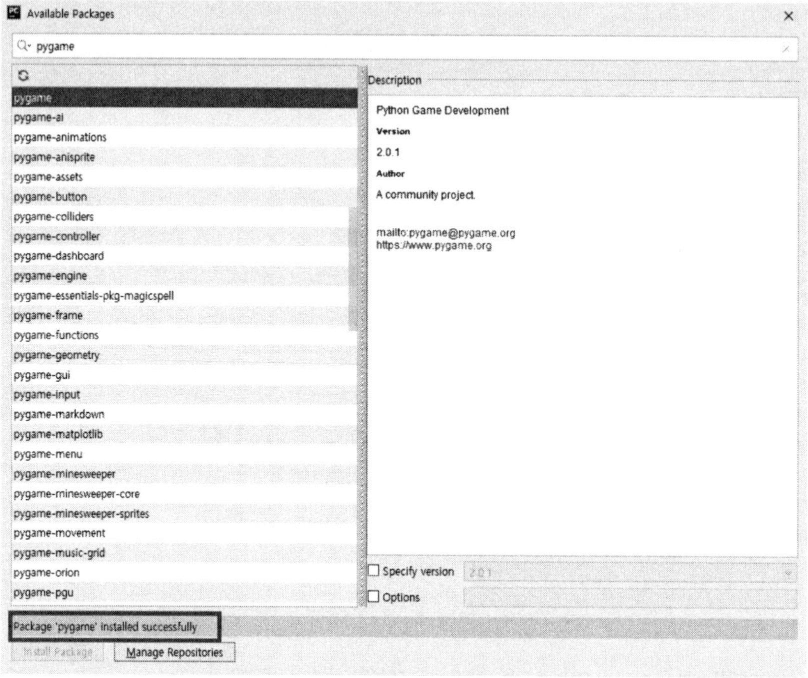

[그림 F.6] 패키지 설치 완료

설치가 완료되면 그림 F.6에서 볼 수 있듯이 Package 'pygame' installed successfully라는 메시지를 확인할 수 있다. 설치가 끝난 것이므로 창을 닫으면 된다.

pygame를 사용해서 그래프 창을 만드는 형식은 다음과 같다.

pygame 초기화 형식

```
import pygame
pygame.init()
s_size = (320, 240)
screen = pygame.display.set_mode(s_size)
```

여기서 화면 크기는 튜플로 (320, 240)으로 코딩한다. 가로 320 화소(pixel), 세로 240 화소(pixel)로 하겠다는 뜻이다. (1,280, 960)과 비교해 보기 바란다.

위 코드를 실행시키면 화면이 바로 꺼지는데 계속 남아 있게 만들려면 다음과 같은 코드를 실행시키면 된다.

PyGame 그래픽 화면 창 닫기

```
while 1:
    for event in pygame.event.get():
        if event.type == pygame.QUIT:
            sys.exit()
```

이때, sys.exit()를 동작시키려면 import sys를 해주어야 한다.

여기에 덧붙여서 반복문 안에서 지속적으로 화면을 update할 필요가 있다. 화면상에서 이미지가 움직이게 할 때는 물론이고, 한 자리에 단순히 이미지를 보여주기 위해서도 이미지를 표시하고 나서 화면을 update해줄 필요가 있다. 그래야 우리가 화면에서 이미지를 볼 수 있게 되는 것이다. 화면을 update해주는 명령어는 다음과 같다.

PyGame 그래픽 화면 창 닫기

```
pygame.display.flip()
```

위의 세 가지 형식을 합하면 pygame의 기본 틀이 완성된다.

PyGame 기본 틀

```
import pygame
import sys

pygame.init()
s_size = (320, 240)
screen = pygame.display.set_mode(s_size)

while 1:
    for event in pygame.event.get():
        if event.type == pygame.QUIT:
            sys.exit()
    pygame.display.flip()
```

이 틀에 pygame 명령어를 이용하여 다양한 기능을 구현해 볼 수 있다.

이제 이 틀을 이용해서 하나의 이미지를 표시해 보자. 우선 그림판에서 다음과 같이 그림을 하나 그린다. 똑같이 그릴 필요는 없으며, 아무 그림이나 그려도 상관없다. 그냥 원이나 사각형을 그려도 되고, 사진을 하나 준비해도 된다.

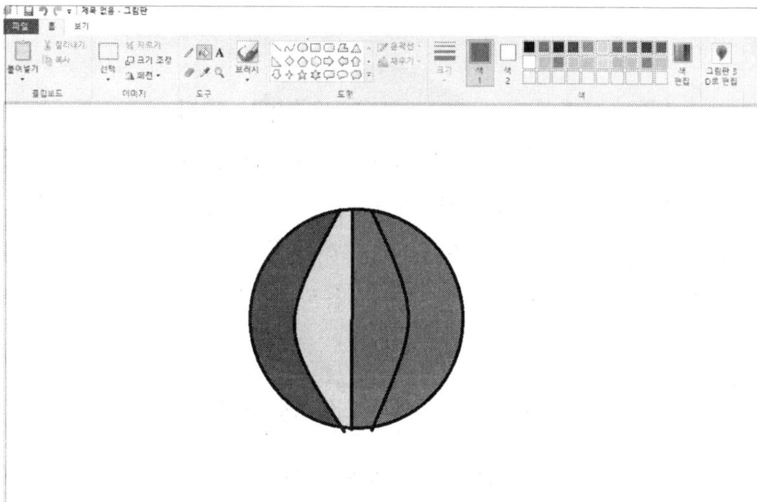

[그림 F.7] 그림판에서 그림 그리기

그림판 메뉴 중 '선택'을 사용하여 다음 그림과 같이 그림을 좌측상단에 옮겨 놓는다.

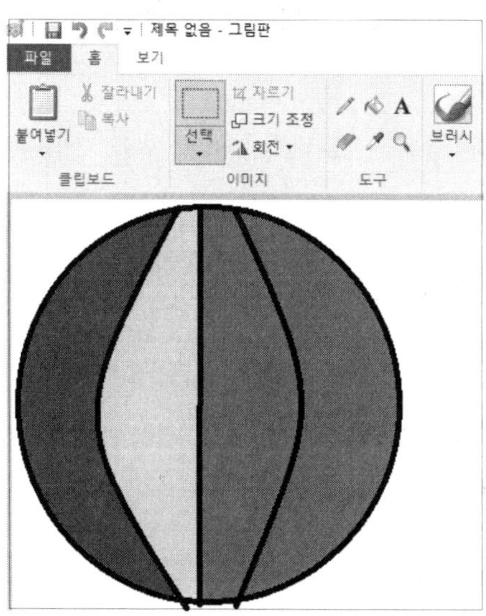

[그림 F.8] 그림을 좌측 상단으로 이동

이 상태에서 다음 그림과 같이 파일 메뉴의 속성을 선택한다.

[그림 F.9] 파일 메뉴의 속성

속성창이 나타나면, 다음 그림과 같이 속성창에서 넓이와 높이를 350, 350 픽셀로 변경해 준다.

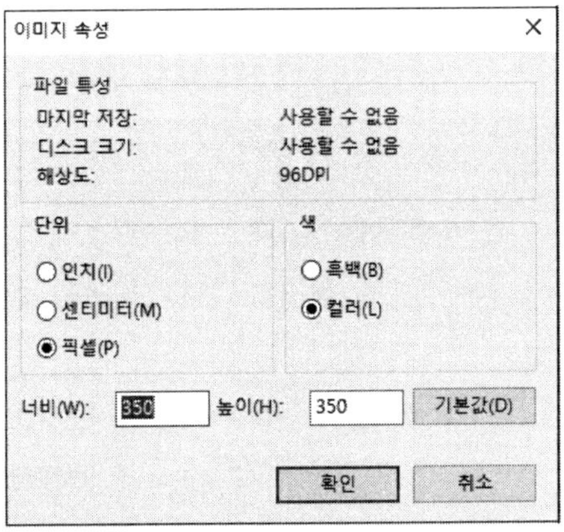

[그림 F.10] 이미지 속성 변경

이제 그림판 바탕 크기가 변경된 것을 알 수 있다. 바탕의 너비와 높이는 이미지 크기에 따라 적절히 가감해 주면 된다. 그림판의 메뉴 중 다음 그림과 같이 '크기 조정'을 선택한다.

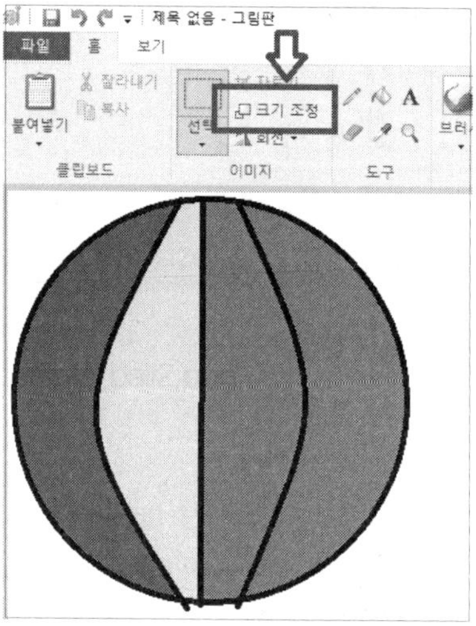

[그림 F.11] 그림판 크기 조정

이미지 크기를 (50, 50) 픽셀로 만들고자 한다. 이 경우, 50÷350 = 0.142857이므로 정수에 해당하는 백분율로 14.2857%이다. 정수 부분만 선택하여 가로, 세로 크기조정 비율을 다음 그림과 같이 14로 해준다.

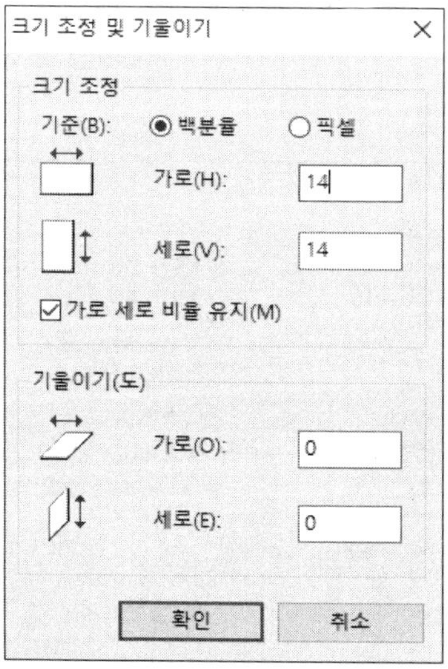

[그림 F.12] 그림판 크기 조정

다시 파일의 속성에서 너비와 높이를 (50, 50) 픽셀로 맞추고 sample_ball2.png 파일로 저장한다.

이 파일을 복사해서 다음 그림과 같이 파이참 프로젝트에 붙여넣기 한다.

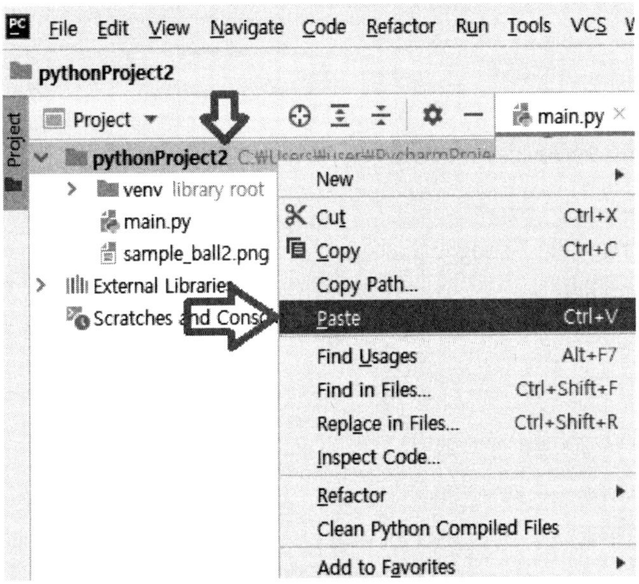

[그림 F.13] 파이참에서 파이썬 프로젝트에 그림파일 붙여넣기

이 이미지를 화면에 표시하는 명령어는 다음과 같다.

PyGame 이미지 나타내기
이미지객체 = pygame.image.load("이미지 파일 이름")   screen.blit(이미지객체, 표시위치)

예를 들어 이미지객체 이름을 ball이라고 하고, 이미지 파일 이름은 sample_ball2.png이며, (50, 50) 위치에 표시하려면 다음과 같이 코딩해 주면 된다.

```
ball = pygame.image.load("sample_ball2.png")
screen.blit(ball, (50,50) )
```

이제 pygame 기본 틀에 이 이미지를 화면에 표시하는 프로그램을 작성하면 다음과 같다.

[Prog F.1] 화면에 이미지 나타내기

```
import pygame
import sys

pygame.init()
s_size = (320, 240)
screen = pygame.display.set_mode(s_size)

ball = pygame.image.load("sample_ball2.png")
screen.blit(ball, (50,50))

while 1:
    for event in pygame.event.get():
        if event.type == pygame.QUIT:
            sys.exit()
    pygame.display.flip()
```

이번 부록은 pygame 설치와 기본 동작 확인만 해 보았다. 더 자세한 내용은 pygame 홈페이지(pygame.org)를 참고한다.

학습 메모

부록 G 벽돌 깨기 소스코드

```
import pygame
import sys
import numpy as np

    class MyScreen:
        pygame.init()
        s_width = 320;
        s_height = 480;
        s_size = (s_width, s_height)
        screen = pygame.display.set_mode(s_size)
        updateTime = pygame.time.Clock()
        ball = pygame.image.load("sample_ball2.png")
        ball = pygame.transform.scale(ball,(15,15))
        position = ball.get_rect()
        position = position.move([160,170])
        ball_speed = [7, 7]
        paddle = pygame.Rect(35, 440, 50, 10)  # padddle 객체 생성
        green_colour = (0, 255, 0)  # (R, G, B) -> 초록색 지정하기
        p_speed = [0, 0]  # paddle 속도 초기값
        p_right_dir = False
        p_left_dir = False
        brick=[]
        brick_colour = [(255, 0, 0), (0, 255, 0), (0, 0, 255)]
        score=0
        num_balls = 3
        game_over = False
        font = pygame.font.SysFont(None, 50)  # 시스템 폰트

        def display_ball(self):
            self.screen.blit(self.ball, self.position)
            self.position = self.position.move(self.ball_speed)
            if self.position.left<0 or self.position.right>self.s_width:
                self.ball_speed[0] = -self.ball_speed[0]
```

```
        if self.position.top<0:
            self.ball_speed[1] = -self.ball_speed[1]
        if self.position.bottom > self.s_height + 30:
            self.ball_speed[1] = -self.ball_speed[1]
            self.num_balls -= 1
            if self.num_balls <= 0:
                self.game_over = True
            self.position.left = 160
            self.position.top = 390
    num_ball_txt =
            self.font.render("Ball : {}".format(self.num_balls),
            False, (255, 255, 255))
    self.screen.blit(num_ball_txt, [10, 5])

    def get_key(self):
        for event in pygame.event.get():
            if event.type == pygame.QUIT:
                sys.exit()
            elif event.type == pygame.KEYDOWN:

                if event.key == pygame.K_RIGHT:
                    self.p_right_dir = True
                elif event.key == pygame.K_LEFT:
                    self.p_left_dir = True
            elif event.type == pygame.KEYUP:
                if event.key == pygame.K_RIGHT:
                    self.p_right_dir = False
                elif event.key == pygame.K_LEFT:
                    self.p_left_dir = False

    def display_paddle(self):
        if self.p_right_dir == True:
            self.p_speed[0] = 15
        elif self.p_left_dir == True:
            self.p_speed[0] = -15
        else:
            self.p_speed[0] = 0
```

```
        self.paddle = self.paddle.move(self.p_speed)
        if self.paddle.left < 0:
            self.paddle.left = 0
        elif self.paddle.right > ms.s_width:
            self.paddle.right = ms.s_width
        pygame.draw.rect(ms.screen,
                                   self.green_colour, self.paddle)

        if self.paddle.colliderect(self.position):
            self.ball_speed[1] = -self.ball_speed[1]

    def init_brick(self):
        for i in range(3):      #3개층
            temp=[]
            for j in range(5): #1개 층에5개 벽돌
                temp.append(pygame.Rect(15+j*60, i*30+60, 50, 20))

            self.brick.append(temp)

    def display_brick(self, a):
        for i in range(3):  # 3개층
            for j in range(5):  # 1개 층에5개 벽돌
                if a[i][j] == True:
                    pygame.draw.rect(self.screen,
                            self.brick_colour[i], self.brick[i][j])

                    if self.brick[i][j].colliderect(self.position):
                        a[i][j]=False
                        self.ball_speed[1] = -self.ball_speed[1]
                        self.score = self.score + (5-i)
                                    #빨간색5점, 초록색3점, 파란색2점
                        if self.score>=60:
                            self.game_over = True

        score_txt=
                self.font.render("score : {}".format(self.score),
                                        False, (255, 255, 255))
        self.screen.blit(score_txt, [155, 5])
```

```
def pause():
    pause=True
    while pause:
        for event in pygame.event.get():
            if event.type == pygame.QUIT:
                sys.exit()
            elif event.type == pygame.KEYDOWN:
                if event.key == pygame.K_SPACE:
                pause=False


ms= MyScreen() #클래스 객체 생성

ms.init_brick()
a = np.full((3, 5), True)

ms.game_over = False
while not ms.game_over:

     ms.get_key()
     ms.screen.fill([0, 0, 0])#배경그리기
     ms.display_brick(a)
     ms.display_paddle()
     ms.display_ball()

     ms.updateTime.tick(30)   # 1초에30번update
     pygame.display.flip()

     game_over_txt = ms.font.render("Game Over", False, (255, 0, 0))
     press_key_txt = ms.font.render("Press Space Bar", False,
                                                           (255, 255, 255))
     ms.screen.blit(game_over_txt, [60, 240])
     ms.screen.blit(press_key_txt, [20, 300])
     pygame.display.flip()
     pause()
     pygame.quit()
```

학습 메모

[참고문헌]

1. 중학교 수학 교과서
2. 〈점프투파이썬〉, 박응용, 이지스퍼블리싱, 2020
3. 〈파이썬 for beginner〉, 우재남, 한빛아카데미, 2020
4. 〈hello coding(생초보의 처음 프로그래밍) 파이썬〉, 윤인성, 2018
5. 〈컴퓨팅사고와 파이썬 기초 & 활용〉, 박태진 외 1명, 복두출판사, 2021
6. pygame 사이트(https://www.pygame.org)
7. 네이버, 구글 검색
8. 유튜브 동영상 자료

저자와의
협의에 의해
인지 생략

컴퓨팅적 사고력과 문제해결능력을 동시에 키워보자!!

따라하면서 배우는 **파이썬**

1판 1쇄 2021년 12월 1일

저 자 이상철
발행인 송광헌
발행처 복두출판사
주 소 서울특별시 영등포구 경인로82길 3-4
센터플러스 807호
(우) 07371
전 화 02-2164-2580
FAX 02-2164-2584
등 록 1993. 11. 22. 제 10-902 호

정가 : 13,000원
ISBN : 979-11-6675-090-8 93000

한국과학기술출판협회 회원사